法窗輕拍案

那些你不可不知的法庭博弈

常照倫 著

目錄 Contents

推薦序

Foreword

司法有了厚度，而且反映了人生百態

蘇永欽

常照倫律師把他近兩年發表在《中律會訊》的文章，以「法窗輕拍案」為題正式出版，讓更多人分享他對司法的觀察。因為我從民國七十年開始任教於政大，他就是我第一批在法研所結緣的學生，所以邀我寫序，於是我有幸先睹為快。當我一口氣讀完之後，才發現本書故事題材並不是他用「普法」兩個字就可以一語帶過，拍案雖輕，還真有不少禪機。

我因為工作的關係，一直很喜歡讀在朝或在野法曹發表的隨筆，不拘中外，有時和最近變得比較熱門的法實證研究相比，可看成一種非正式的質性研究，往往會觸動聯想，而有跳進去做點什麼的衝動。隨筆的方向有三，一是闡述、檢討司法制度或實體、程序法的某些規定；其次整理觀察司法程序中折射出來的人性幽微之處，事實上，在國外也能看到不少以短篇小說來表現此主題的作品。最後就是拉高到國家政策層次，更像一個從法治觀點和社會對話的意見領袖。照倫這本書初看是以第一個方向為主，細看則在有點起伏跌宕的文字後面，處處可見第二點的人文關懷。

雖然第三個方向比例最低，但我所認識的照倫，胸中塊壘應該不少，眼界才識也絕不下於網上幾位什麼都能談的大律師，應該可以期待下一本書。

我們都知道司法程序終止於幾張紙的判決，但細讀之下，還是可以看到幾個少不了的角色，有點像電影結束跑馬燈介紹的幕前幕後人物，雖然幾乎沒有觀眾能夠耐心看完這些冗長的介紹。司法隨筆文學的興起，讓許多靜態的角色得以從幕後走到幕前，大家這才有機會認識到台前的表演有多少台下的解說、掩飾、挑破和運籌；精彩判詞的背後其實堆積了多少兩造幽靈作家的心血，司法突然有了厚度，而且動態反映了人生百態。我掃過書架算了算，從法官、檢察官、律師一直到書記官、通譯，這個市場目前還在不斷擴張。我的建議是，與其偶然聽到總統就職演說疾呼司法改革就跟著鼓掌直到手痛，對於一些沒進過法院也從來不知道他們都做了什麼好事的國人，倒不如順手買一本由司法人用心寫下的所見所得，更能掌握當前司法的病根、病灶，看清楚它和你我之間的關係。

我雖沒做過律師，但在教書以外，除了做過訴訟當事人（機關代表）、訴訟代理人、鑑定人，也有幾年承乏憲法解釋和司法行政的工作經驗，故雖不盡然都懂本書談到的問題，但照倫要表達的疑問或看法，乃至心境，還是都能理解的，有很多地方心有戚戚焉。比如在談聽訟時，他帶到了審級功能定位的改革，因為我曾投入甚深，而且自己做研究時也做過比較法的考察。印象最深的就是一篇由美國資深法官花幾年時間到歐洲各國法院考察後寫得落落長的隨筆式論文（「漫談」rambling through……），裡面就提到歐洲的三審級救濟有兩審事實審的傳統，令他大開眼界。一方面，它和美國憲法保障人民受陪審保障有關，另一方面，顯然也和歐陸法官採考試用人，逐級考核人品能力有關，讓閱歷更豐富的高院法官對平均年齡較輕的地院法官裁判有了覆審機會，當然更能落實人民的訴訟權保障。相對於美國基層法官就已經是法界普遍肯定的人才，其判決也有一定的先例拘束力，因此只有在非常例外的情況下才有重審的機會，完全可以理解。至於兩種制度間的利弊選擇（trade-off），在美國，絕大多數的案件都是用其他方式消化，尤其成本低得很多的非司法程序更是占了壓倒性多數；歐陸國家的「法治國」信仰，卻使他們把再小的案子都要保留給法官審理。可見此兩制之間判決質量的分配自然會有很大的差距，因此我們只能統歸於法律文化（價值）的選擇。但照倫也提到了，即使事後審或嚴格續審在案件爆量的情況下實屬必要，制度仍應保留一定彈性，它們反映的就是文化，值得決策者重視。注意大陸司法改革的人，一定會發現，他們在大規模的前階段結構性改革之後，最近也已把重點轉移到審級定位的改革。照倫另一篇文章所提到的人民參與審判，其實我有更多可以呼應的看法，但這裡顯然已經超過寫推薦序可容許濫權的極限，只能就此打住了。

照倫從檢察官轉換到律師之後，就在台中執業至今，沒想到還能抽出時間靜下來盡他所謂的普法使命，真不容易。他們這一輩法律人，碰到法官律師高考難度最高的年代，那時我剛開始教書，到今天還保有許多美好的打球、登山、聚餐的回憶，這些球友、山友現在都有了很好的事業。回頭看這些年的變化，有人描述為兩岸新世代的上騰和下行，也許狹隘了一點，但他們當時讀書的奮不顧身，確實反映了台灣那段上騰歲月的美好，感觸特別深。特別致上祝福，給所有用心為台灣法治打拚的朋友。

蘇永欽寫於指南山下

自序
Preface

感謝恩師蘇永欽教授百忙之中竟蒙俯肯為拙著作序，心情實為忐忑惶恐，永欽師為法學界士林所宗仰，桃李滿天下，後學固感高山仰止，但永欽老師的平易親近，尤令學子如沐春風，幸蒙獲賜序文，諸多溢美提攜之言，倍感榮寵之至。

也感謝《中律會訊》容忍我在兩年餘的時光中，長期占用珍貴的篇幅濫竽充數，想起最初的書寫，只是緣起於編輯製作一期專刊的邀稿，未料就此一路未能停筆，逐步成形為執業近三十載的一番胡言亂語。

彙集的雜文除了浮想泡沫外，大抵可視為執業過程中對法庭活動的前沿觀察，一個江湖風塵中的在野法律人，面對當事人的進退應對，民、刑事案件法庭活動具體的攻防軌跡，不免留下虛實交錯，但皆有所本的紀錄，也許可以供內行同道看門道，外行讀者看熱鬧，其中或有一得之愚，也不免敝帚自珍。

書名「輕拍案」已足見並無「驚奇」，更遑論「叫絕」，只能是低吟淺唱，如蒙識者會心一笑，或即不枉這一路走來筆墨錯落的雪泥鴻爪矣！

《世說新語》有一節記載，以書空咄咄著名的殷浩與魏晉八君子之一的劉惔清談，在高來高去的言語機鋒中，殷浩義理受挫，只得「遊辭不已」，亦即東拉西扯不知所云，劉惔送走殷浩後，評價道：「田舍兒，強學人作爾馨語。」意思是嘲笑殷浩如鄉村莊稼漢，勉強學高人作清談之語，然而筆者欲為田舍兒固求之不得，此處似乎正宜用於自我解嘲之用。雖不值方家一哂，但強作爾馨語，倒也不乏野人獻曝，自得其樂之道。

1

Chapter

刑事法庭浮光掠影

壹、前言——原力與諸君同在

一位當事人坐在我對面，困惑而不安的諮詢：「律師，我們這樣討論案情時一切都很清楚，但是為什麼我一進入法庭，就莫名緊張，法官大人問話，就頭腦一片空白，手心冒汗，心律不整，不知道自己在答什麼？」

我微笑安慰他：「別擔心，應該恭喜你，你在法庭的一切生理表現應屬正常，足以表示你心存敬畏，能夠敏感法庭的磁場流動，心中有鬼神、有因果，就不會受冤枉，我其實最擔心的就是面對法庭毫無感覺，麻木不仁的當事人。」

法庭，尤其是刑事法庭，原力磁場的流動無所不在，審、檢、辯、被害人與被告，誰是尤達大師？誰是絕地武士？誰是西斯大帝？誰是黑武士？誰代表光明？誰才是黑暗？善惡其實黏連糾結，法庭活動真正映照的是我們的心理狀態，審判永遠不會結束，一紙判決書只是開展新的可能性，我們置身其中，沉浸其中，或許也能有幾許可參考的座標軌跡？

筆者側身刑事司法二十餘年，得失寸心，棋局未歇，扁舟扶搖自持，江上波濤風光，聊供自娛而已。年末應編輯之邀，野人獻曝供奉一得之愚，或蒙方家一哂。

貳、分享幾個觀念——誤將迷思作常識

律師與當事人對話，與審、檢辯證，與社會輿論互動，長久以來習於刻板印象，不知不覺中已養成了幾項約定成俗的浮面迷思，是否正確，值得細究，如果一味執持，誠恐以老生常談作人云亦云，竟而誤人誤己，尚不自覺，略擇數則如下：

一、官司有勝敗輸贏？

細思何謂勝敗輸贏？

勝敗是指技不如人，換言之，倘律師技高一籌，即可得勝，奈何學藝不精，技差一著，以致落敗。

輸贏是指運氣不佳，賭場下注全憑運氣，手氣佳則順風贏牌，手氣背則一輸塗地。

刑事法庭是競技擂台場還是賭場？

陷入以上的思維，是律師在法庭活動扭曲異化的源頭，勝訴既是目的，也是手段，無限上綱勝訴的價值，終致深化催眠自我，於是不惜炮製證據，顛倒論述，陷落沉淪猶自矜是公平正義的代表化身，檢辯雙方均應以此心魔為戒。

我們當然不能否認或抹殺法律工作者專業技藝的功能，專業本職學能的技術面，至少包含以下層次：

現行法的正確掌握，包含解釋與適用。
盡責的舉證及辯證、攻防。
善築各行專業領域，與司法互動的介面橋樑。
充分的法律評價論述能力。

完成以上功能，基本的技術層面應已齊備。被告有罪與否，關鍵在於案件本質所具備的內容，多數時刻與律師的技能無絕對關係，何來勝敗可言？問題是辯護人應時時捫心自問，自我的本職學能是否真已臻於相當成熟的境界，足以擔任一名辯護士的角色，而不虧職守。

然而，法庭活動既有攻防，又豈會全無勝負之念？當現行法的闡明不足以清楚涵攝起訴事實的全部關係時，法律的真正場域，留待法官以自由心證判斷如何劃定司法界址，辯護人能否以論述高度開展全案的視野，最終說服或印證審判者心證的有利形成？其中也許有勝負吧！又或者只是冥冥中的因果定律而已，吾輩默察其實，但求坦然無愧而已。

二、你的對手是檢察官？

如果你以為，檢察官是審判庭活動中你的主要對手，你的思維可能已經失去高度，你的回饋機制可能僅與鬥雞類似。

律師在法庭活動中，並沒有當然的對立面，我們關切的面向始終在於：事實、法律、價值判斷。當三個面向交互辯證時，事實不僅是社會認知的浮面事實，法律不僅是僵硬的教條文字，價值判斷不僅是市井沸沸的理所當然。

站對思維的高度面，俯瞰全案在法庭活動的應然、實然，多數時候，檢察官可以輔助我們釐清全案的正確面貌，而當檢察官陷入職業性的狹窄視野，一味偏頗的立場決定其述內容時，全案已大致底定，律師的工作只是清楚觀照審判者的心證而已。

法庭活動不免有交鋒，激勵出火花，謹記我們是火花的創造者，絢爛之餘，更要小心火燭、內斂技術，嚴防風險，不得走火入魔，我們控管火花，法庭活動就能浮現可觀、勵志、昇華的氛圍。因此，我們的對手始終是自己。

三、一字入公門，九牛拔不出？

元明雜劇形容訴訟險惡，有「一字入公門，九牛拔不出」一語，意指訴狀或供詞一旦記錄於衙門文書，即成鐵證，難以再作翻供，形之於刑事訴訟實務，即成為「案重初供」的心證背景。熟練的檢警調人員悉諳此原則，在第一時間製作筆錄時，引導被告、證人的口供，已是實務運作習以為常的技倆。檢察官據以起訴的案件，必然先使辯護人處於訴訟中較不利的地位，你仍然相信「一字入公門，九牛拔不出」？被告簽字畫押的筆錄已是鐵證？或者你還可以奮起用九牛加二虎之力，有所作為？

溯自民國九十六年的馬英九特別費案，以迄民國一〇三年起訴一審獲判無罪的頂新油品案，辯護人面對棘手的重大案件，應善用刑事訴訟法第三十三條：「辯護人於審判中得檢閱卷宗及證物並得抄錄重製、或攝影。」以及司法院頒佈的內規，即〈法院辦理刑事案件少年事件訴訟文書之影印攝影抄錄及複製電子卷證費用徵收標準〉第八條：「聲請轉拷刑事案件卷附偵訊過程之錄音、錄影，每張（捲）影音光碟、錄音帶或錄影帶徵收新台幣一百五十元；每張數位影音光碟徵收新台幣三百元。」並運用刑事訴訟法第一〇〇條之一第二項：「筆錄內所載之被告陳述與錄音或錄影之內容不符者，除有前項但書情形外，其不符之部分，不得作為證據。」第二一二條：「法院或檢察官因調查證據及犯罪情形，得實施勘驗。」等相關規定，向承審法院聲請偵訊筆錄錄影光碟，逐字翻譯檢視供述實況與文字筆錄，仔細比對核校，很可能有令人駭異的發現。

愈是社會矚目的大案，見獵心喜的檢方愈容易自亂方寸，偵訊筆錄與實際供述，因一字之差的「有」、「沒有」、「是」、「不是」出現落差，竟完全翻轉案情，若遭當庭揭露，檢方仍然可以氣定神閒的陳述：「這只是不慎筆誤。」

你其實大可相信這只是筆誤，案情大概已近尾聲，你的對手並不是檢察官，而且雖然「一字入公門」，但是已被九牛二虎的拔出來了。

四、誘導訊問的原則與例外

刑事訴訟程序中的誘導訊問幾乎無處不有，偵訊筆錄的製作背景，更經常充斥誘導訊問，技術熟練者知道如何隱藏誘導的過程，而記載於筆錄的文字，已經修飾成為被訊問者平鋪直敘的回答，這樣的筆錄當然合法嗎？檢方會告訴你：這是合法的偵訊技巧。

法庭交互詰問時，辯方當庭步步為營的主詰問，幾乎已建立起對被告有利的事實架構，換檢方開始進行反詰，堂而皇之的運用誘導詰問，你當庭異議，檢方會告訴你：依刑事訴訟法第一六六條之二第二項定，行反詰問時得為誘導詰問，你只能為之語塞氣結，頹然而坐嗎？

最高法院一〇四年度台上字第一九九八判決要旨提供了明確的答案：「檢察官或檢察事務官、司法警察官、司法警察對於證人之訊問或詢問，除禁止以不正方法取供以擔保其陳述之任意性外，對於訊問或詢問之方式，刑事訴訟法並未明文加以限制。因此，訊問者或詢問者以其所希望之回答，暗示證人之誘導訊問或詢問方式，是否法之所許，端視其誘導訊問或詢問之暗示，足以影響證人陳述之情形而異。如其訊問或詢問內容，有暗示證人使為故意異其記憶之陳述，乃屬虛偽誘導，或有因其暗示，足使證人發生錯覺之危險，致為異其記憶之陳述，則為錯覺誘導，為保持程序之公正及證據之真實性，固均非法之所許。如其之暗示或訊（詢）問方式，僅止於喚起證人之記憶，進而為事實之陳述，係屬記憶誘導，參照刑事訴訟法第一六六條之一第三項第三款規定於行主詰問階段，關於證人記憶不清之事項，為喚起其記憶所必要者，得為誘導詰問之相同法理，則無禁止之必要，應予容許，不能視之為法律所禁止之誘導訊（詢）問。」更且，依據刑事訴訟法第一六六條之二第二項規定，就反詰問所行的誘導訊問應受「必要時」三字的限制，何謂「必要時」？答案仍在最高法院上開判決要旨。

結論是，最高法院認為「虛偽誘導」、「錯覺誘導」均非正當，非法之所許，只有記憶誘導得予容許。誘導訊問或詰問的底線，只有原則，沒有例外。

參、法庭活動的枝微末節

所謂枝微末節，意指習以為常的存在狀態，我們視為理所當然，如同呼吸空氣般正確而簡單，然而性命即在呼吸之間。嘗試探討刑事法庭活動的枝微末節，顯示我們嚴肅對待當事人委託的案件，而一旦深思探討放大檢視，或將同時意外發現，我們對於許多枝微末節其實缺乏深刻理解，甚而完全忽視，重新凝視枝微末節，猶可仔細咀嚼，其中五味雜陳，餘味深長，細節中既藏有魔鬼，也藏有天使。

一、要控管風險

法庭活動，檢、辯雙方各司其職，責任都是發現真實，檢方負責發現對被告不利的真實，辯方負責發現對被告有利的真實，審判者綜合判斷，建構合理的事實。

瞭解確認各自職責的分際，進行詰問時即如走鋼索，詰問的範疇要縝密規劃，充分評估提出的問題，會得到何種答案，否則可能檢方的問題都被你問完了，更糟的是，連反詰問的空間都被自己一手扼殺了。切記，我們的任務並不是要窮盡本案的一切疑點，我們只問我們希望的答案，可以鋪陳，可以深入，但同時要有退場機制。

基於上述考慮，如果你並不確定會釣到什麼魚，就千萬忌諱作釣魚式詰問，大多數時候，法庭中釣魚就會釣到大白鯊，除非萬不得已，只能行險僥倖，此時風險自負，畢竟原則也有例外時刻。

二、要隨手關窗

接續控管風險的概念，在詰問的規劃設計與實際發展的過程中，都應該全力避免問答過程發生開花散葉的狀況，愈多的節外生枝，對案件事實的釐清不會有幫助，只可能治絲益棼。

因此在規劃問題時，盡量不要有開放式問題，最常見的開放式問題類型是：為什麼？應該怎樣？你認為呢？當時發生了什麼事？結果如何？除非你有十足的把握，否則上述問題的答案的內容一旦橫空出世，就準備迎接風暴吧！

預防風災的第一個標準動作是關閉門窗，規劃詰問的基本觀念也是如此，如果詰問過程發生擦槍走火的苗頭，要即時警覺，適時撲滅。大風起於萍末，必須於詰問過程中養成隨手關窗的好習慣，萍末不起，風平浪靜。尤其面對的是敵性證人時，衡量情勢，如果必要而且可行，應該毅然要求證人：「請以是或否，回答我的問題。」

三、要善待證人

檢、辯雙方聲請傳喚的證人、鑑定人等，其實先天上難期待中立，面對所謂敵性證人是我們最棘手的課題，而如果你真的把他視為敵人對待就大錯特錯了。

辯方在法庭的活動，絕對不是要營造一股劍拔弩張的氛圍，繃緊的情緒只會讓被告陷入更被動化的局面。當證人也感受到你的敵意，同時在心理上充分武裝起來，後續詰問只會讓被告更陷入死角。如何拿捏最恰當的分寸，實在沒有可量化的指標，我們也只能盡力而為，努力使在庭上的證人感知詰問過程中人性的溫度，你應該將證人視為你服務的客戶，使證人在預期原本應該是冰冷尖刻的法庭環境，體會到他是被尊重的、被照顧的，辯護律師是有同理心的、是柔軟的，即使我們不是同一國，至少不應該是敵國。

莎士比亞的劇目《終成眷屬》中，告狀人狄安娜最終的陳述如下：「因為他有罪，但是他沒罪。他知道我已經不是處女，他會發誓說我不是處女，可是我可以發誓說我是一個處女，這是他所不知道的。陛下，我願意以我的生命為誓，我並不是一個娼妓，我的身體是清白的，要不然我就配給這老頭子為妻。」

辯方的敵性證人，如果也出現類此顛三倒四而幾乎不知所云的供述，恭喜你完成一次美好的交互詰問。

四、要身段優雅

迄今為止，律師行業仍然應該至少是精巧的手工藝，所謂手工藝，下焉者若是精巧的工匠，上焉者便是無止境的修行道場。律師的言行，決定了此一行業值得尊敬的程度。而法庭活動正是律師行業淬鍊後的試金石。

我其實無法認同檢、辯雙方過度表演化的法庭活動，但業者卻為此津津樂道，並以法庭表演作為經典教材。例如在殺人案件中，表演凶器重擊被害人的聲光效果，在經濟犯罪案件中出示被告歷年捐助善款的收據，也偶見律師針對他造疾言厲色，冷嘲熱諷，終於自我情緒激情失控肆行人身攻擊，這些招數也許對陪審團有效。畢竟，我國沒有行陪審團制度，如果是要表演給專業法官欣賞，我認為其實是對專業法官的不敬。大家是內行人，何必來這套。然而，如果是要表演給媒體欣賞，我深感無言。

法庭內的過度表演絕對不會使自己更優雅，理性冷靜的論述，一樣可以飽含感情。動人心弦與嘩眾取寵是兩回事，義正詞嚴與氣急敗壞，更不可同日而語，如果無法分辨二者的差異性，我們都有待更提升自己的修養。

肆、結語：毋意、毋必、毋固、毋我

一位當事人是工程界老兵，神情難掩氣憤激動，他向我抱怨：「我在工程業界打滾了三十年，台灣重大海港建設工地都有我的汗水，自認對社會有功勞也有苦勞，我依照一貫的工程行規做事，法院懂工程專業嗎？為什麼我會成為罪犯？」

我微笑問他：「您爬過玉山嗎？」

他略感不解回答：「沒有，這有關係嗎？」

我告訴他：「我也沒有爬過玉山，但是如果我要爬玉山、我要僱請山青做嚮導，因為攀登玉山需要懂玉山的專業，工程專業您比我懂，進法院處理刑事案件，我比您懂，您第一次上法院需要的是一個嚮導，像登玉山一樣，何時該出發，哪裡該轉彎、一步都不能踏錯，山上風雲變化，有時誰也沒絕對把握，風險一定有，但您還是要信得過我，我才能陪您一塊走完這趟山路。」

當事人沉默片刻，毅然點頭：「我信得過。」

那場官司的結果並不完全令人滿意，但當事人畢竟全身而退，我認為這已是最好的結局。

回頭再複習孔夫子的教誨：毋意、毋必、毋固、毋我，備覺受用。刑事法庭進、退、折衝，不能意氣用事，不能凡事視為當然，不能僵固硬化，必須時時放下我執，夫子層層深入，最終告訴我們當下的「我」也是虛幻不實，必須放空自己，才能使事、物的本質顯現，世事無常，變動不居，吾人身在局中，動靜由心，體善察惡，深知理未易明，善未易察，起心動念尤應深自警惕。

我們在刑事法庭的活動中消磨如許人生歲月，在刑事法庭的聲響光影塵染諸相中得到滋養啟發，並且形塑了自我重要的一部分，心中滿懷感恩，而刑事法庭中永遠有未完成的功課，留待我們覺察思索。

2

Chapter

開示心證的契機

唐德宗貞元年間，一日，在安徽池州南泉山叢林，普願禪師目睹東西兩堂門徒戲爭一隻白貓，不知所以。普願即遽然而起，奪貓在手，提貓質問眾生：「道得即救取貓，道不得即斬卻也。」眾生一時茫然，不知應對，禪師當下斬貓，血灑寺院，想來其時雲霧湧動，天色剎那暗然了。晚間，大師兄趙州雲遊回寺，普願禪師便將白晝生事再問趙州，趙州聽了，徐然脫卻足下草履，放置在頭頂大踏出門，普願慨然嘆息：「當時汝在，貓兒可不死。」

禪宗公案中最驚心動魄者，莫過此件南泉斬貓。普願喝斥：「道得即救」一語多關，意味深長，趙州是行為藝術家，置鞋於頂，以示眾生顛倒，饒寓機鋒，風光無限。只是千載以下至今，凡夫如我，猶不免為貓鳴冤，普願禪師若能當下開示心證，縱使眾生顛倒，愚痴難渡，總可免那隻白貓平白喪命。

然則，普願之不願開示心證有何究竟之處？可以想見，若開示心證則貓兒不需死，而禪宗無此公案可傳頌，門下徒子徒孫竟或灰飛煙滅矣！是耶？非耶？取捨得失只在寸心之間，心證開示與否，何時開示？如何開示？契機何在？實為千古大哉問！

南泉法師已作古千年，而當今無數法曹仍高坐朝堂，身為庶民百姓逢機值緣，漫坐堂下不覺已將近三十載時光，有時亦恍然如東西兩堂之眾生門徒，互爭一貓之戲，卻不知堂上法曹可是當年的普願大和尚，心證守口如瓶，貓的生機就此斷送，或者畢竟慈悲心切，適時適機，一語道破機關，兩堂徒眾歡喜，生機勃然發生。

以上浮想聯翩，竟渾然忘卻此身猶在公堂，忽聞一聲：「候核辦，退庭」，始如夢中驚醒，暗自惶恐又走過一庭矣！

愛因斯坦說：上帝不擲骰子

法庭活動，如兩軍對壘，法院是秩序的維護者，也是終局的裁判者，法官是上帝，我輩皆凡夫。理性上的認知，上帝不作隨機即興的判斷，宇宙運行自有法則，但眾所周知，愛因斯坦對於上帝的理性認知，其實是對量子力學不可測運動的無奈抱怨，一旦深悉微觀宇宙的次原子電子雲狀態，應知宇宙並不穩定，我們的法庭活動亦然。而所謂「不可測」，亦即指涉我們分分秒秒都處在價值判斷的流變過程之中，法官所形成的價值判斷是否正確以及如何做適時的開示，在實務經驗中可以產生的作用殊值深思，隨手摭拾，大者如下：

一者，開權顯實之道

如果我們仍然企圖在法庭活動中，探尋事物可能存在的真實價值，則必定是透過聞、思、修、講、辯、著的過程，據以形成終局判斷。法官是經由聽聞兩造的論述，思維其中的理路，當庭曉諭講說其所理解的法理情狀態，最終經由辯論，作成判決。開示心證就是「講」，開講之道是充分運用諸般善巧方便，使兩造知所進退，更反覆辯證，切磋撞擊，其間火花四射，都是次原子的不可測參數，而促使事件表相逐漸透露彰顯出內在的真實層面，是大道之行。

開示心證在上開動態的過程中，啟發得出核心的價值，如果法官不知、不會、不能體察「講」之為用，則聞、思、修、辯、著，皆如與空氣對話，與木樁對決，必然陰氣沉沉，生機稀薄。法官或竟以深不可測為自許，以讓你猜不著，作為樹立司法公信力的手段，則任何司法改革的制度努力，都是膠柱鼓瑟的不通之途。庶民所期待的其實不是高深莫測的鐵面無私，而是如沐春風的智慧開示。

其次，開啟重生之門

法官應該認知，被告在訴訟中，處於相對深刻無助的狀態，不要以為已有委任專業律師辯護人，被告就已經能夠對法庭活動做適當的回應，以及做正確的判斷。辯護人的功能有其主客觀的各種侷限性，而在被告心目中，法官仍是全知的神，法官執掌生殺大權。即使事理已明，而辯護人受限於角色扮演，或專業素養不足，都可能對當事人提供的訊息助益有限，或者說服力不足。此時法官適時開示心證，無異是開啟一盞明燈，節省不必要的辯論資源口舌耗費，尤其在刑事案件中，有智慧的法官一語道破案情的可能下場，被告可以清楚判斷「坦白從寬，抗拒從嚴」的真諦；在民事案件中，適時曉諭闡明法律關係是促成和解，或撤回訴訟的催化劑。於公於私都是公門修行的好方法。又或者溫言勸諭不偏不倚，照顧雙方立場情緒，而達成兩造終能退讓和解，所謂修復式司法，最終責無旁貸者，其實端視第一線法官展現的正面柔軟能量，也由此能讓下方能體會，為什麼法官是人而在做神的工作，我輩在野庶民皆不勝感激。

三者，故君子慎其獨也

《中庸》首章開宗明義：「君子戒慎乎其所不睹，恐懼乎其所不聞。莫見乎隱，莫顯乎微，故君子慎其獨也。」如果審判工作是孤獨的心靈對話，就更要對於所睹、所聞的訊息，保持開放的心靈態度，透過適當的開示心證，讓我們對世界懷有無限寬闊可能保持敬意的態度，而唯有隨時隨地持續對自己的視野抱持懷疑，才可能探盡幽微，佛《四十二章經》開示：「慎勿信汝意，汝意不可信。」然則如果全不可信，審判如何還能具有可行性？開示心證是求其盡心，經典啟發我們保持正確的態度，態度決定高度。

法官應該在形成各種心證的階段中，保有赤子之心，開示心證使兩造有討論辯證的空間，從而仍有自我修正的機會，承認自我之不足，其實正是獲得尊敬的基礎。法官也許永遠不知道，最讓當事人詬病的法庭活動，就是面對一個滿肚子悶葫蘆的法官，任何突襲性裁判，都只是再一次傷害司法的公信力。所謂聞、思、修、講、辯、著，並不是一個過程完結，而是循環辯證的重新開機。

走過混沌年代

台灣司法實務歷程，早年混沌未開，江湖傳說將法曹分為四等，第一等是既清且明，餘則明而不清、不清不明、清而不明，後三等如何排序，則頗為眾說紛紜。想當年，開示心證是故老相傳的忌諱，所持理由亦所在多端，其中理由最著者，竟是為了杜絕司法黃牛活動賣案。

確然，審判結果關涉重大，如果當庭透露口風，讓人猜出裁判意向，有心人從中上下操弄，當事人極可能受騙，法官一世清明豈非無辜掃地？此所以「讓你猜不著」是最高審判法則。

然而凡事一體兩面，人類經常是自證預言的囚徒。正因為法庭活動喜怒不形於色，心證視同絕密訊息，當事人多在驚恐無助之際，更需要司法黃牛的一根浮草，結果不難預料，高深莫測的司法形象始終墜於谷底。

不透明總是髒污的催生環境。

民國七十年前後，邱聯恭教授以批判突襲性裁判作為授課主題，開示心證促使裁判過程透明化，從而使法院裁判有其可預測性，逐漸成為訴訟程序顯學，邱聯恭教授如是說：「賦予當事人預測法院所持法律見解之機會，實有助於使當事人預知如何提出對裁判具決定性意義之事實、證據，而防止發生突襲；此項機會之賦予，乃保障當事人之聽審請求權及證據提出權所必要。在賦予此項機會之程序上，法官係致力於經由防止發生法律適用的突襲，來促使當事人進行必要而更充分的辯論，以協同尋求、發現『法』即『權利』之所在；亦即，法官依憲法所應準據之『法律』，應在使當事人能預測法官之法律見解，以利提出重要事實的審判程序上，由法官與當事人協同尋求、發現之。」

雖然民事訴訟法一九九條所規範的闡明權，與開示心證仍略有距離，但畢竟司法實務已明示闡明權應為審判長之義務，從而明白宣示：「審判長對於訴訟關係未盡此項必要之處置，違背闡明之義務者，其訴訟程序即有重大瑕疵，而基此所為之判決，亦屬違背法令。」（參照最高法院一〇三年度台上字第九一一號判決）。發回曉諭的闡明過程，就是間接釋出心證的方式，二者雖不中亦不遠矣。可見，當最高法院明示闡明權不僅是法官指揮訴訟進行的權利，更且是義務的要求，制度所期許的法庭活動已經撥雲見霧了。

刑事訴訟法自民國九十二年進入改良式當事人進行主義，雖然沒有就開示心證情況作具體規範，但仍然可以依據該法第二七三條的立法理由：「案件如符合第二七三條之一或第四四九條第二項之規定時，即可嘗試瞭解有無適用簡式審判程序或簡易程序之可能，以便儘早開啟適用之契機，避免耗費不必要之審判程序。」尋繹得出適時開示心證的精神。

當然，民國九十六年公佈的智慧財產案件審理法第八條第二項規定：「審判長或受命法官就事件之法律關係，應向當事人曉諭爭點，並得適時表明其法律上見解及適度開示心證。」已經將開示心證義務明定於法條本文，回顧司法進程曾經混沌初開的年代，我仍然樂觀於緩慢的進步持續發生中。

你會嗎？心證開示的誤區

趙州禪師嘗以「汝『會』麼？」示教，「會」字所涵攝之義理，包含「會」什麼？如何「會」？若「真會」即心領神會，不落文字。一旦「錯會」，即陷誤區。

開示心證之道，也不乏誤區所在。身歷法庭二十餘載見聞，有令人扼腕者，有拍案驚奇者，或可略舉數例供同道補遺：

威嚇式

法官當庭霹靂開示：「自己做的壞事，律師也幫不了你們，聽法官的話趕緊認罪，也許還有一線機會。」

當下眾人面面相覷，辯護人如坐針氈，欲辯已忘言。開門見山地直接道破，或許頗有當庭棒喝的禪機，而大家似乎都可以準備下課了。

然而，縱使案情已清澈見底，法官開示心證是否仍然可以保留一線空間給當事人，法庭活動的過程本身就有多重意義的蘊涵，它全面扼殺了想像的可能性，當事人也許確實有罪，但對於法官的絕對成見當然也很難以甘服吧！

和稀泥式

法官溫言勸諭：「你要不要考慮認罪，只要認罪，法院就給你緩刑。」被告如釋重負的看著律師：「可以嗎？這樣也不錯吧！」

我當下明白告知：「不對，你是冤枉的，本案應是無罪判決。」

那個案子經過一段冗長的審理程序，一、二審均為無罪判決，被告羈押期間依刑事補償法賠六萬餘元。

法官開示心證的動機昭然若揭，案件不大，院檢方羈押裁定已是既成事實，緩刑可以皆大歡喜，然而被告確實是冤枉無罪啊！一味地和稀泥只會讓司法程序永遠不黑不白，不痛不癢。

過猶不及式

法官對當事人面授機宜：「你的請求不對，請訴訟代理人再研究看看，可以考慮不當得利啊，不過這一庭是沒辦法了。」

原告當然是敗訴了，原告依據法官開示的心證，果然以不當得利主張重起爐灶了，結果又敗訴了，怪誰呢？

法官一定是基於正義感，也或者一時技癢，忍不住指引當事人一條明路，但實在是犯了審判大忌而不覺。

被告是完全疑惑迷惘了，法官是我的對造嗎？法官怎麼成為對方的軍師？軍師聯盟有這一場戰役嗎？

原告怎麼想？重新以另案起訴是法官教我的，為什麼還是輸？是我沒聽懂？還是哪裡沒有顧及到？

幫倒忙式

法官勸導兩造息訟和解：「雙方可以談談看，和解條件再評估一下，不過被告不用太擔心，這個案子你其實應該沒事。」

這是一件車禍過失傷害案件，告訴人傷勢不輕，基本殘廢，不能理解法官的用意，是要勸和解嗎？如果底牌都掀開了，當事人還有什麼和解意願？何不逕行判決了事？和解的真諦，應該是雙方都不滿意，但雙方都勉強可以接受的共識，肇事者有無過失，其實難以做百分之百的絕對認定，法官的初衷似乎也想勸和解，只是法官開示的心證，與初衷背道而馳，為和解促成的可能性幫了倒忙。

以上案例，並無虛構，如有雷同，均屬不謀而合，當然，也充分保留見仁見智的討論空間，得失功過，且留與後人評說吧！

以無厚入有間，游刃有餘

莊子論庖丁解牛，是藉專業技藝的境界，隱喻人生境界的提升，在人情事理環環相扣，骨節密結的現實環境中，猶能看透每一接縫處，尚存廣大的間隙可開闔，是洞察力的無止境修煉。

法官面對的每一宗案情，亦如庖丁解牛，適時適度開示心證，正是游刃有餘的開鎖之鑰，縱使庖丁解牛的境界過高，基本的優雅修養應該不是苛求。當事人期待一位善於開示心證的法官，而大多時候還是全憑運氣，所謂「案運」佳或不佳，如人生轉輪盤，不免幾許無奈，何以致此呢？

年節前頃聞，有彰化院檢雙方為人犯羈押與否，雙方大人竟互相撕破臉如同罵街，檢方怒嗆法官頭腦不清，法官要當庭逮捕檢察官，如此開示心證的霹靂手段真是別開生面，當下也驚動雙方長官兩下安撫如和稀泥，其間的是非對錯，卻全然未見釐清分際，聞之令人莞爾。明明可以是一場嚴正的法理之爭，不知為何，在我看來總像一齣滑稽鬧劇，也不妨視為一齣可以流傳的法界公案吧！只是距離南泉斬貓，真是太遙遠太遙遠了。

3

Chapter

世說新語聽訟篇

魏晉之後，南朝宋宗室臨川王劉義慶編纂《世說新語》，一般咸認是載述漢末以降，魏晉風流名士之間清談玄論，逸語奇情的軼聞趣事為主。然而，如果留心該書的篇章，則開卷起首四編是德行、言語、政事、文學等。末編始為尤悔、紕漏、惑溺、讎隙等。足見作者胸中自有高下品評，雖然是筆記雜談，孔門四科仍是宗旨大道。

魯定公十年，孔子任大司寇，相當今日之司法院院長，儼然司法界之祖師前輩，於我等後學留下最著名的格言：「聽訟！吾猶人也。必也，使無訟乎？」而時至二千五百年後之今日，人事愈益紛雜，「使無訟」只能是理想，「聽訟」則更饒富意味。今日公判庭上，時代意義已與古不同，法官不論當事人之有情無情，都要能使民盡其辭，此固然是聽訟；而兩造接受法官開示宣說，也是聽訟；媒體公眾於法庭所見所聞，亦可謂聽訟；聽訟之道大矣哉。

當代法庭聽訟，足有可記之吉光片羽善鳴者言，大者正人心立教化，小者一言中的，安頓兩造，或者雖未必當下就息訟止爭，然而得見得聞者，仍能各自體會而餘韻無窮。較之魏晉《世說新語》，其實未遑多讓，誠恐任其散佚，深以為惜，其中應有可為後學參詳者，特以誌之。

天、地、人

民國一〇〇年四月二十九日，坐落大里市福興宮廟旁傳統市場，有一間木造閣樓，裡面住著一位八十餘歲的老太太，她是當日法院勘測現場的被告，遭訴請拆屋還地，原告是老太太的弟弟，實際出面主張權利的是她侄子，一位四十歲許的中壯年人，中台灣的四月已進入夏季，所謂「日頭赤炎炎」。八十餘歲老太太愁眉深鎖，皺紋刻劃著歲月，只能隱身屋內喃喃叨唸：「舊厝差一點被颱風吹散，民國八十幾年有部分加強磚頭，若搬走，不知要去哪裡？」法官及雙方律師一干人等，揮汗佇立於木屋門外，聆聽被告的侄子據理力爭，他說：「這塊土地是我阿祖留給我爸的，我姑姑並沒有繼承權，閣樓木屋也是我阿祖起的，都應該還我爸，如果他們有改建新屋，也是無權占有，應該要拆除，這塊土地雖然不大，但是我爸對阿祖留下的土地卻有很深的感情，因為對土地的感情，所以在有生之年要解決這個問題，要讓土地認祖歸宗。」

張國華法官耐心聽完原告兒子的滔滔不絕，等待他告一段落後，才徐徐落下話：「你對土地這麼有感情，很令人敬佩，但是你們對人的感情呢？」

原告的兒子一時愕然失語，當下靜默無語，我感覺雖是盛暑而沁人心脾，日頭其實是青天朗朗，陽光大道之間，正觀照人心的可憫可嘆。只在那一刻，千言萬語，法理攻防，皆不抵法官當場寥寥二、三句。人、天、大地之間的輕重，從來是一個反覆辯證的大課題，然而無論如何辯證，最終還是得歸結於人心，一念之間的取捨之道。

人、鬼、神

曾經承辦一件普通土地買賣解約糾紛，法官多次勸諭和解，雙方基本達成共識，最後一庭雙方要作成訴訟上和解，原已期待一切平順，而我的當事人是一位樸實憨直的漢子，在買賣糾紛中，雖然同意和解，但仍自覺是做很大的退讓，當我與當事人在庭外做最後確認溝通時，當事人表達了以下的要求：

「這塊土地對方一下要買，一下不買，造成我們很大的困擾，現在要和解，雖然可以接受，但是他們講話都不算數，還告我詐欺，這種事要請神明做見證，我要求對方要在法官大人面前，向神明說明表白，要買不買都是對方自己說的，我絕對無詐欺他，才能和解。」

這簡直是在已達成的和解基礎上節外生枝，當下不免頭皮發麻，鄉間篤信神明是民風純樸的習性，但信仰往往涉及敏感神經，稍有牴觸，之前的努力和解將前功盡棄，而作為我造的訴訟代理人，尤不能讓當事人有律師胳臂往外彎的疑慮，一時計出無門，只能硬著頭皮與當事人步入法庭，讓當事人自由發揮。

當事人果然在法庭再度重申，要求對方在神明與法官面前發誓，承審陳毓秀法官也約略為之愕然，隨即闡明：「發誓是宮廟的業務，你們可以去宮廟處理。」

當事人有備而來：「法官，只有去宮廟沒用，對方會欺騙神明。」

陳法官忽然露出好氣又好笑的表情：「如果神明會被人騙，那不是神，頂多是鬼，沒聽過人比鬼可怕嗎？你們信奉的如果是鬼，還要信嗎？如果是神明，欺騙神明自有報應啊！其實人間事人間了，何必還要麻煩神明？神明恐怕也不高興你們為這種俗事去打擾吧！」

法庭片刻沉寂，我的當事人似乎當下恍然大悟，如釋重負，慨然表示：「法官說得有理，我不用對方發誓了，就照法官的意思和解。」

一場漫天雲霧就此雲淡風輕，全賴陳法官神來之語，三尺頭上有神明，而渺渺時空，無窮靈界，智人這個物種自詡為萬物之靈，實是傲慢的無以復加，智人如何與神鬼互動，則是科學昌明如今日，仍待觀照的課題。

細想一番，還是孔子一語：「敬鬼神而遠之。」最能彰顯人與萬物對待的中庸平和大道，神鬼萬物皆可敬，懷抱不卑不亢的敬意，所以心包萬物，無限維度的空間自能互攝相融神、鬼、人的關係，但若是互相依賴親狎，則終致昏昧迷惘。法界常云「法官是人在做神的工作」，陳法官的靈光一現，點醒當事人的愚痴，很佩服陳法官的當下，頗有神性。

天秤兩端的拿捏

有一件勞資爭議上訴案件，資方在一審全部敗訴，二審上訴自然棘手，原審判決充分體現了保障勞方弱勢的理念，對於離職員工向大眾運輸公司追討任職期間的加班費，全部判決照准，形式上看來非常大快人心，剝削勞工的資方受到教訓，將面臨巨額追索。而本案其實只是一個線頭，資方隨即將面臨多起相關案件的請求主張，依此勢頭發展，將造成可怕的財務失控，可以想見資方壓力沉重，而且一旦定讞將成為業界參照的案例，受衝擊的是大眾運輸市場的營運生態。

在承辦資方上訴案處理過程中，兩造訴訟代理人都再三向法官申訴己方立場，案情陷入膠著，再開辯論後法官易手，懸而未決又數月，承審葛永輝法官諭示兩造當事人均應到庭，法官面對雙方當事人開示勸諭和解：「勞工司機當然工作很辛苦，大眾運輸與一般朝九晚五的上班族不同，工時不太固定，有權主張合理加班費。不過資方經營公司也不容易，民眾大多自備汽機車，大眾公車運輸業經營還要靠政府補貼，維持營運，要面對很多員工，加班費的計算本來就有一個標準，也許當時的標準不完全符合法規，但實際狀況是幾十年來都如此經營，並且也是依照這種經營模式核算成本，作為票價費率的依據，如果工作多年的員工在職時沒有反映加班費問題，離職後再對公司請求補發差額，造成公司無法計算的成本負擔，對公司也不盡公平。如果公司不堪財務壓力，決定結束營業，還會衍生更多社會成本，最後還要全民買單，相信大家都不樂見，雖然兩造各有立場，但還是請雙方為對方的立場也想一想，互相退讓和解才是解決問題之道。」

此時此刻，法官金口，遠勝律師各抒己見的唇槍舌戰，雙方於一個月內作成互相讓步的和解，並且開啟了另外數件同類型案件，逐步達成和解的共識契機，是典型雙方都不滿意，而均可勉予接受的和解案例。

談司法改革，逐漸形成一種主流見解，自民國八十八年司改會議以來，推動號稱金字塔式的審理主義，意謂要提升司法效率，節省司法資源，應將第一審事實審制度化；第二審改為嚴格續審，原則上不再接受當事人提出新攻擊方法；第三審採許可制，即限於「從事法之續造，確保裁判一致性，或其他所涉及法律見解具有原則上重要性者為限」，始得經裁定許可上訴。

制度改革的優劣，永遠見仁見智，然而司法改革的方向若汲汲著眼於提升效率、節省資源，而不論裁判品質及司法消費者的利益，誠恐方向已有偏差。

司法是公平正義的最後一道防線，法律人皆可朗朗上口。落實在實務的操作，則運用之妙存乎一心，本案於一審以充分保障勞方立場作判決，於二審以勸和解收場，如果現制二審已改為嚴格事後審，不許當事人再提新攻防方法，則本案形同一審定讞，法官難以有機會再斟酌俯察上訴人運輸公司對加班費計算的新攻防內容，我們也將沒有機會聆聽二審葛法官勸諭和解的精闢論點，社會發展的軌跡也許在不知不覺中就走入另一個拐點，對整體的社會也許仍是福禍難料，但是給司法多一次傾聽的機會有何不好嗎？

當司法改革汲汲於節省資源考量時，應先參透現行制度自有先人的智慧蘊含其中，改革者真的更有智慧嗎？

公平正義的天秤，應該只是怕拿捏得不夠周到精緻，而拿捏的過程是否耗費太多資源，我總認為似乎是最後才需要考慮的參數。

人權宣言永遠不嫌重覆

訊息爆炸的時代，社會脈動迅速多變，台灣永遠不缺社會矚目的重大司法案件，昨日的事件，是今日的話題，明日的黃花，久而習之，大腦皮質層終於痲木而無感，縱使三分鐘熱度也難以維持。

縱觀近幾年發生的各類案件，儘管殺人放火是春風吹又生，貪贓枉法是老生常談而司空見慣，但我仍然認為以民國一〇三年所爆發一連串的食安事件，是影響社會層面最深遠廣泛的案件，至今仍餘波蕩漾未歇，此類案件觸發民眾心裡最深沉的恐慌，民以食為天，如果男女老少的一日三餐不能衛生安全，豈非人人自危？

彰化頂新油脂一案，既衝擊人心，又帶有更複雜的社會背景，冠上了大陸台商的企業標題，很可以作為政治氛圍操作的空間，媒體形塑的資方形象，更能輕易撩動人心。於是鄉民正義哥沸騰了，打倒奸商的大旗飄舞了，同仇敵愾的激憤找到宣洩的出口了，檢警偵辦與輿論互相激盪，配合無間，紛紛成為司法英雄或英雌了。

承辦的檢察官帶隊，以迅雷不及掩耳的速度搜索當事人的帝寶豪宅，相當程度滿足了全民潛意識的窺探慾望，雖然搜索結果，檢方告訴媒體只是很想知道被告家的廚房食用何種油脂，此外就別無所獲。但從搜索的證據中決定將當事人收押禁見。民國一〇四年檢辯雙方於彰化地方法院就羈押是否妥當，展開強勢攻防交鋒，檢方無疑代表全民權益的正義守護神，頭頂光環神聖。辯方當然是無良廠商的魔鬼代言人，應該一併列入被聲討的對象。而法官呢？白痴也知道應該如何選邊吧！

當年二月三日，三位合議庭法官吳永梁、呂美玲、張琇涵作出裁定，由審判長吳永梁法官，輔以投影片諭示裁定理由，電子筆錄長達九頁，謹摘錄部分原文如下：

「在本案具體的審酌之前，因為大家很關心，也是一個非常重要的案件，所以我還是要先陳述一段大法官會議解釋釋字六六五號解釋內容，包括給媒體記者，本案被告、檢察官、各辯護人，來理解本院在本案審酌中，最核心之想法。釋字六六五號解釋，憲法第八條第一項前段規定，人民身體的自由應予保障，羈押作為刑事保全程序時，旨在確保刑事訴訟程序順利進行，使國家刑罰權得以實現，因為羈押是以拘束刑事被告身體自由，並將之收押於一定處所，乃干預身體自由最大的強制處分，使刑事被告於家庭、社會及職業生活隔離，非特以其心理上造成嚴重打擊，對其名譽、信用等人格權的影響甚為重大，自僅能以之為保全程序之最後手段，允以慎重從事，是法律規定羈押刑事被告之要求，需基於維持刑事司法權有效行使之重大公益要求，並符合比例原則，方得為之。又法院對於被告所執行之羈押，其本質係屬保全性質，使訴訟程序，得以順利進行，或為保全證據，或為保全對被告刑罰之執行之目的，而對被告所實施之對人強制處分，是對被告有無羈押之必要，應由法院以有無羈押之原因及目的，依職權為目的性裁量，故法院審酌被告有無羈押之必要，除被告犯罪嫌疑已屬重大外，自當基於訴訟進行之程度、犯罪性質、犯罪實際狀況，及其他一切行事，審慎斟酌有無上開保全目的，依職權妥適裁量，必能兼顧國家刑事追訴，刑罰權之順暢執行，及人權保障。換言之，法院斟酌，倘命該被告具保，責付或限制住居等侵害較小之手段，均不足以確保追訴審判，或為使執行程序之順利進行，此際予以羈押方堪認屬維持刑事司法權有效行使之最後必要手段，也就是說，我們現在處理的是，被告是否於審判程序中要加以羈押，羈押的目的不在於處罰被告，並不是一個終局之判決，並非入監執行，非處罰被告曾經犯了什麼錯，目的在確保刑事訴訟程序之進行，保全證據，基於此思考，才是本案被告是否應予羈押的審查重點。大法官會議釋字六六五號解釋，明確闡釋羈押應符合比例原則，在此情況下，被告是否還有必要一定要用羈押此最後手段性，此對人民基本權訴訟權，侵害甚大的強制處分手段，來確保後續的證據保全跟調查、執行？合議庭認為，本件的羈押必要性，在綜合上開考量之下，應該無法通過羈押比例性原則之審查，也就是說，經過本院再次評議結果，仍然認為被告四人沒有羈押之必要，雖然犯罪嫌疑重大，有羈押之事由，但並無羈押之必要。」

我清楚記得審判長諭示完畢，不論檢辯雙方或旁聽民眾皆鼓掌致敬，我相信法庭內所有參與者當下內心均感到驕傲，台灣的司法進程與已開發國家足以並列而不遜色，現代法治國的精神，充分顯彰於法庭活動。

然而，法庭外的廣大民氣想必是一片批判撻伐！這種裁定結果太不符合國民感情了。

此刻民粹風潮幾已無所不在，民粹的性質與功能也各有言說，法律人面對民粹可以有兩種選擇，一是加入民眾衝進巴斯底監獄，一是引導民眾參訪羅浮宮。前者應可博取社會一片掌聲，後者何其難行難能，而惟其難能所以可貴。

擇其善鳴者而假之鳴

「不平則鳴」是一句耳熟能詳的成語，通解為人事凡遇到不公平的壓抑，就會發聲為鳴，作抗議的表示。其實這句成語原文出自韓愈〈送孟東野序〉，若細究其文章全篇意旨，則會恍然後世之解讀，是窄化了不平則鳴的深意。

原文是以大自然的天道，呼應人道，表明宇宙大千世界在本質上並不存在衡平的狀態，世間眾生必然於動態的擺盪中發出鳴響：「是故以鳥鳴春，以雷鳴夏，以蟲鳴秋，以風鳴冬。四季之時相推奪，其必有不得其平者乎？」進而闡述發揚「善鳴」之可貴，全文精義在於「擇其善鳴者而假之鳴」，所以「人聲之精者為言，文辭之於言，又其精也，尤擇其善鳴者而假之鳴」。韓愈在文章中真正抱憾者在於：「何為乎不鳴其善鳴者也！」是質疑於當代世道無從擇所善鳴，是以善鳴者不得表達時代的呼聲。韓愈身處中唐時期，安史亂後，藩鎮割據，大環境今非昔比，文章結尾一句「故吾道其於天者以解之」，是只能歸究於天命而釋憾了。

「善鳴」既係文辭的精鍊修養，發為警醒，開雲破霧，也是言語機關的一語道破，安頓止歇當下紛擾，法律人浮沉世間人事糾葛，如何隨機應化，能夠一句善鳴，發人深省當下解紛，既是人生境界，也是修為功德，願為我輩互勉。

4

Chapter

盛世微言話參審

清光緒十九年（西元一八九三年），有澳門一介儒商名鄭觀應者撰成一套經世治國的大書《盛世危言》初版，此書全套八卷本，完成於光緒二十六年，當年已是八國聯軍開進北京的一年，翌年清政府與列強簽立辛丑條約，書名「盛世」，實已無異反諷了，而「危言」則是情真意切。《盛世危言》所論皆是自強圖存，維新變法的救國方略，而危言大抵難以救世，似乎也再度印證成為歷史鐵律，再僅十一年後的西元一九一一年就爆發辛亥革命，大清王朝灰飛煙滅。

台灣現況尤堪稱民主盛世，歷次推動司法改革更漪歟盛哉，波瀾壯闊，我輩自不必危言聳聽。惟「微言」則無關大義，無傷大雅，不妨坐而論道。考量當前可見的司法改革進程，最令人矚目者，應莫過於引進國民法官的參審制了。依據司法院於一〇六年十一月三十日公開記者會所作宣示，司法院研究參審制已有三十年了，現終於推出「國民參與刑事審判草案初稿」，台中地方法院於一〇七年三月歷經籌備周詳的前置作業，舉辦第三屆參審模擬法庭活動，筆者有幸忝為評論員之一，全程觀察審判活動進行，研讀草案初稿全文，深知參審制是大勢所趨，正式立法應只剩最後一哩路。新制上路之前，不免作烏鴉亂鳴之語，而或有萬一之可參，即屬幸事矣。

草案初稿全文共五章，一百一十三條條文，堪稱博大精深，鉅細靡遺。惟深入淺出，吹毛求疵，則無論自立法政策、現實條件、文字用語各方面檢討，均或仍有可商榷之相當餘地，筆者不敏，僅提出疑義就教於方家。

這是半套的參審？

眾所周知，台灣的司法公信力始終偏低，晚近網路鄉民崛起，民粹風起雲湧，恐龍法官或奶嘴法官之譏充斥網路媒體，參審制是公部門提出的一副解藥，更是一項政治號召訴求，藉以回應民氣之可用。此所以觀諸草案第一條立法目的開宗明義宣示，本法是為「反映國民正當法律感情，增進國民對司法之瞭解及信賴，彰顯國民主權理念，特制定本法」。其立法說明中的結論註腳為：「將可期待提升國民對於司法之信賴。」

則可以想見，日後社會矚目、高度爭議的重大案件，正是參審制用武之地，判決結果借重國民法官的素民參與，可一掃恐龍法官判決的疑慮。

然而草案所定適用參審案件的範圍，卻先設下二道排除適用的障礙門檻，形同半套制的跛腳參審，與前述立法目的幾乎是明顯背道而馳，何以致此？

草案第五條規定可適用參審制的案件，範圍有限，是第一道門檻：

一、所犯為最輕本刑為有期徒刑七年以上之罪。

二、故意犯罪因而致人於死者。

草案對參審設置的第一道門檻，已經排除了下列類型犯罪適用參審制的可能性：

一、與公務有關之政治性案件：

（一）公職人員選舉罷免法第九十五條至第一〇九條等條各刑法適用。

（二）政黨法第三十三條刑責。

（三）貪污治罪條例第六條各款犯罪、第六條之一財產來源不明罪、第十一條行賄罪。

二、財經犯罪案例：

（一）刑法第三十二章詐欺、侵占、背信罪。

（二）洗錢防制法第十四條至第十七條之刑責。

（三）銀行法第一百二十五條至第一百二十五條之三刑責。

（四）金融控股公司法第五十七條至第五十七條之一、第五十八條、

第五十九條。

（五）證券交易法第一百七十一條至一百七十五條刑責。

（六）稅捐稽徵法第四十一條至第四十二條刑責。

三、其他社會矚目敏感案件：

（一）刑法第二百七十六條業務過失致死罪、第二百七十八條重傷罪、第三百二十五條第二項搶奪致重傷罪、第三百二十八條普通強盜罪。

（二）食品安全衛生管理法第四十九條第一項、第二項刑責。

上開刑事法罪責，最輕本刑雖非七年以上有期徒刑之罪，但卻經常是社會矚目、眾口交議，影響司法公信力的重大案件，然而竟以立法方式先天被排除而當然不適用參審制，則如何能期待參審制實施，能夠達到政策所要求的「提升國民對於司法之信賴」？

更有甚者，縱使符合草案第五條規定重大刑案要件，草案第六條再設第二道法官自由心證取捨的門檻，亦即法院得隨時依職權或聲請，即可裁定不行國民參審制，條件略述如下：

一、有事實足認行國民參與審判有難期公正之虞。

二、案件情節繁雜或需高度專業知識。

三、被告認罪，依案件情節，認不行參審為適當。

四、其他有事實足認行參審制顯不適當。

本條規範，更無異使參審制幾近半殘化，其結果則幾乎是可能陷承審法官於不義，實匪夷所思。詳言之，參審制的目的，是希望提升人民對司法的信任，尤其是案情繁雜、社會矚目、事實或法律適用有高度爭議的案件，引入國民法官，以杜悠悠之口，而本條規定則恰是愈重大繁雜案件，承審法官卻可以自由心證排除適用參審，本此制度設計，可能的發展僅有二途，一是法官甘冒不韙，排除參審制，回到專業司法判斷，縱使被譏為恐龍法官，也甘願承擔一切笑罵訕謗；二是法官排除萬難，適用參審制，開啟繁雜程序，鑑定詰問曠日費時，國民法官身心均不堪負荷，整個訴訟程序陷入泥沼。無論何者，參審制所面臨的結構性困境，已躍然紙上，不辯自明矣！

參審制草案作為一宗政治改革的重要訴求成果，以回應人民主張為名，草案參審制設下的雙重門檻，一旦看清楚，是否會感到無言？

陷專業伊於胡底？簡單算數題

參審制審判庭組成，依草案第三條規定：由法官三人及國民法官六人組成國民參與審判法庭。依草案第八十三條規定有罪之認定，以包含國民法官及法官在內達三分之二以上之同意決定之。亦即若是作成有罪判決，以九人組成的法庭，形式上直覺反應是六名國民法官一致的認定，即可作有罪認定，而三名專業法官，縱使認為被告無罪，充其量可徒呼負負而已。

或者認為這是極端過激的特例，應該不會發生？其實並不極端，再一則情況更可能是三名專業法官加二名國民法官認為有罪，但四名國民法官未作成有罪共識，以五比四的比例，只能作成無罪判決，亦即其實只要四名素人法官，即可推翻三名專業法官加上二名國民法官均認為有罪的判斷。你還認為這樣合理？

依草案現狀，上開情形作成判決後，才真正開啟司法審判價值思維的深水區，四名素人法官可以代替三名訓練有素的專業法官？法學教育是否還是專業的社會科學教育？法律專業的價值如何評價？

制度對專業法律人的評價如此低落，無可否認，專業法律人有很大咎由自取的成分，然而制度設計者應首先思考如何提升法律專業人的本職學能，以更精進的專業品質，足夠濃厚度的人文素養爭取社會尊敬與信賴，並且同時教育現代國民應具備的基本法律常識，提升法治觀念。捨此不由，而直接以素人國民法官相當程度替代專業法官從事審判工作，企圖提升國民對司法信賴，究竟是太廉價的手段，或是要付極大成本的昂貴代價，只為了可以推卸專業法律人的社會責任？

當然，此間民粹鋪天蓋地時，已容不得仔細思辨，司法這一小塊領域的自我專業矜持，也不過是自憐自艾的囈語吧！

資本主義深化的錢坑陷阱

參審草案所設計的國民法官評選及裁判評決結構，其實已與美國陪審團制為一牆之隔，經由參審模擬法庭操作的過程，縱使是一宗不太複雜的殺人案件，訴訟程序自選任國民法官至交互詰問，完成辯論，以最理想的效率進行，所耗費的司法成本亦可見遠高於現狀，現實運作可預期之財務成本，至少包含三個層面，其一，司法預算需大幅增編耗費；其二，國民法官投入時間及經濟成本；其三，當事人經濟能力影響判決的因素。

以上三項現實狀況，迄今並未見主事者提出具體估算規劃，易言之，訊息不透明幾如黑洞，而推動列車已轟轟而去。

就司法預算的增加，或許可略以一九九四年美國美式足球運動明星辛普森殺妻案做參考，該案審理耗時九個月，結辯前洛杉磯政府宣佈耗費美元八百〇五萬一七三九元（林達著，《辛普森案的啟示：美國的自由及其代價，第十三封信》），折合台幣二．四億元以上，參審制當然不如陪審制，台灣也非美國。所以，保守的估計金額是多少？有實務經驗的法律人當然知道，辛普森殺妻案，其實並不是一件真正繁雜的案件，只是較具新聞聳動性而已，當然，這筆預算不是問題，全體納稅人買單而已，但是納稅人有充分被告知及認知將來要買單的代價嗎？

草案第一〇一條明定國民法官不履行職務，得處六萬元以下罰金，從而國民法官在非自願性的前提下，必須全程參與作成審判，如個案參審期間保守估計達一個月，若國民法官是退休人士，則法院每天支付二千元計，或不無小補，但如果國民法官是私人企業的重要幹部，負責從事關係企業的重要決策，相對機會成本如何估算？國民法官為履行參審義務造成的損失有無控管機制？草案第三十六條及配套第十六條的答案是：「得以書面向法院聲請辭去其職務。」但是第三十六條第二項、第三項仍然賦予法院最終決定權：「法院認為無理由者，應裁定駁回，且不得抗告。」

要知道，國民法官參審非同作證，作證半天即可完事，參審何時結束，難以預料。

附帶一提，草案第二十六條及第三十五條規定用語，國民法官被選任程序中，應接受法院的「訊問」，訊問與詢問一字之差，真是好大的官威，看來，國民法官要參審，付出的成本不僅是時間經濟的損耗，還有尊嚴折損的代價。

再者，參審制一旦發動，毫無疑問較一般刑案更曠日廢時，有資力的當事人能夠支付相當費用委請律師團隊爭取權益，無庸贅言。然而資力不足的當事人如何自處？草案並未置詞，制度配套只得仍回歸現行公設辯護人，或由法扶基金會強制義務律師擔任辯護工作。

試想，義務辯護人能投入多少的時間精力處理參審的龐大工作負荷量？司法案件辯護人的攻防能力涉及專業本職學能專精與否，個案的攻防如果複雜，更須主張大規模的蒐證、傳喚專家證人等繁複程序，每一主張並無法充分客觀量化其效能，進退的衡量拿捏皆是觸動案情神經的心血，則一般被告真的能在參審程序中得到更周延的保障？還是參審制的結果開啟了有充分資力的當事人，可大展法庭身手的空間？從而當事人的經濟能力更深化成為法庭活動中不對等的舞台？

無可置疑，參審制一旦運作，打的是一場錢糧資本消耗戰，公私部門都要疊加成本才能應付，狡黠的國民法官候選人可以故意表現「不適任」以避免被選任，最終被選任的國民法官未必「歡喜做甘願受」的承擔參審的成本與可能風險，參審制運作下，律師成本的大幅支出，只好仰賴「非常」有公益熱心的律師願意為較無資力的被告搏命演出，而縱使社會不乏「非常」熱心的律師，可能仍會質疑，並不是每一件被告所涉個案，都與「公益」有關係啊！

在辛普森的殺妻案中，大概無法想像，會有公益律師為被告辛普森投入辯護，參審辯護律師投入的時間精力，顯非目前審理制度可以比擬。參審制與現行制度之間的落差成本，如果當事人無力填補，只能怨嘆自己不是資本家？社會大眾或許不知，辛普森在其所涉殺妻案中，支付律師費用達美金一千萬元，陪審團判辛普森無罪，美國輿論一片譁然。辛普森因此破產，但好在他還有一千萬美金可以支付律師費。

回首反思——國民感情誰說了算？

參審制標舉的核心價值，崇高理念，明定於草案第一條所載：「反映國民正當法律感情。」

羅馬法學家塞爾蘇斯形容法律乃是：實現公平正義的技術。技術一詞當然指涉專業訓練，而技術成長到一定程度，運用之妙，存乎一心，即抵達藝術的境界，畢卡索的立體畫，你也許無力欣賞也看不明白，但是畢卡索十四歲的早期畫作「赤足的少女」，則非一絲不苟的扎實素描基本功無法成就。

然而「國民感情」是什麼？是鄉民論壇的民意？國人皆曰可殺的社會氛圍？街頭巷尾的蜚短流長？電視名嘴的口沫橫飛？還是一份民意測驗調查報告？或以上皆是？無論是何者，顯然都既無技術，更遑論藝術成分，「國民感情」其實是全無邊界的恣意概念。

司法裁判要反映上述哪一種「國民法律感情」呢？依參審草案的具體操作

與認知非常簡單，重申前言，其實只要包含國民法官及專業法官共九名，其中四名（可能全是國民法官）不同意有罪，亦即有罪意見未達三分之二，即應諭知無罪判決，四位國民法官已足以決定國民正當法律感情了。

年少學法，猶記得刑事訴訟法的核心理念，是在正當程序的人權保障基礎上，發現真實。值此民主盛世之際，顯然「國民感情」是非常高大上的理念，雖然拆開解釋，也就是「一般國民的感受情緒」而已。讀史得知，明末抗清名將薊遼總督袁崇煥於崇禎三年被凌遲處死，當年北京市民的國民正當感情，相信袁宗煥是引進清兵的叛國賊，人人得食其肉而後快。至於「發現真實」，當下是顧不及許多了。

國民正當感情，經常是一時之快，當下的正當，很可能是明日之不正當，參審草案將法律人每日拿捏的公平正義天秤技藝，置於國民正當法律感情的烘爐燒烤，究竟是欺世的高大上道德勇氣？還是黃春明筆下的「兒子大玩偶」？

沒有最革命，只有更革命

據《壹週刊》報導：今年（二〇〇七年）五月三日司改會成員赴司法院拜會大院長許宗力，強力要求司法院應採參審、陪審制併行試辯，大院長明言台灣沒有實施陪審制的空間，雙方一言不合，司改會成員當場怒嗆：「你的職位是靠我們拱上來的，否則沒有」；「當初謝文定也是我們拉下來的，不然你也沒有現在的位置」。大院長只得唾面自乾而已，旁觀者才恍然原來參審制尚未能正式起跑上路，最大的阻力，並非司法保守官僚系統，這個舊系統已經被污名化為恐龍法官而奄奄一息，原以為參審制是政治正確的改革派，詎料參審制仍是要被打倒的保守派，陪審制才更能真正完全彰顯「國民正當法律感情」。觀諸陪審制派針對許宗力院長直白赤裸式的叫囂嗆聲，方知果然「趙孟貴之，趙孟賤之」。革命的列車已啟動，未能體察大時代潮流者，都應遭權鬥淘汰了。

想起孔子被圍於匡地時，對弟子發出的嘆息：「文王既沒，文不在茲乎？

天之將喪斯文也。」今日之況，斯文二字似早已於廟堂掃地矣！當然，我們也未敢或忘，夫子面對匡人包圍的險境中，所繫懷者，不是身家性命，而是斯文一脈的煙火傳承，俄頃，夫子泰然論道：「天之未喪斯文也，匡人其如予何？」吾輩小子始為之釋懷，斯文不孤，縱不在廟堂，在野世間仍自有斯文之道。

5

Chapter

法律人治國乎？誤國乎？

政治前面的每一吋，都是黑暗——日本政治家岸信介名言。

我們始終走在未知的境域，所有關於人類的預言，都只是再次證明命運的不可測。法蘭西斯．福山於一九八九年發表論文「歷史的終結」，以預言的方式宣告西方民主制市場經濟，是人類意識型態演化的最終勝利者，是人類社會演化的終結模式。

時序來到二〇一七年，福山顯然無法預料到全球已經歷由美國資本主義引爆的二〇〇八年金融海嘯，西方資本主義包裝下的民主政治發生結構性風險破綻，伴隨而來的二〇一〇年北非突尼西亞茉莉花革命，繼而在中東掀起革命的骨牌效應，其結果是敘利亞反抗軍先盛後衰，美俄強權武力競逐於中東區域，伊斯蘭國肆虐，中東難民流離道途，浮沉於地中海上。二〇一六年英國公投決定脫歐，二〇一六年建築業大亨川普以公民票數尚輸給希拉蕊二〇〇萬票情況下，竟當選美國總統，並宣稱將在美墨邊境築起高牆、退出抗全球暖化的巴黎氣候協定、加徵邊境關稅。回歸新保護主義的反全球化運動，儼然已成為另一股全球浪潮。

以上國際大勢似與法律人無關，但法律人的執政者如果認為也都與台灣的政治經濟發展無關，則或許真是無知，又或許只是裝睡者叫不醒。百年前的李鴻章臨終仍疾呼：「海外塵氛猶未息，諸君莫作等閒看。」今日諸君如何看待？

多年來坊間茶餘飯後，流傳一句戲論，謔稱之為「台大法律系亡國論」。此說歷數自民國八十九年陳水扁當選總統，經陳水扁任期八年，馬英九任期八年，迄今小英政府一年許，國事未見起色，每況愈下，三位總統皆出自台大法律系，更可以引申擴張解釋為法律人治國無能，而誤國有餘！我輩皆遭掃射，殆無倖免矣！是耶？非耶？

然而台灣畢竟是以票選產生了三位法律人總統，將台灣的政經亂象歸責於法律人總統，而無視於台灣與世界的連動關係，及台灣本質的結構困境，實猶如盲人騎瞎馬夜半臨深淵，市井清談可以任意簡化因果，可以將社會紛擾，經濟衰疲，簡單歸納為法律人總統治國無能。但法律人若亦隨之起舞，人云亦云，則著實淺薄之至，不知所云矣！

法律人治國的罪與罰

《罪與罰》是十九世紀俄國大文豪杜斯妥也夫斯基的文學鉅作，主題描述一名自認替天行道的知青殺害當鋪老闆，於犯罪後的深刻心理狀態，最終透過一名虔誠信奉上帝的妓女啟示，終於徹悟懺悔，獲得宗教靈魂的救贖。

我們其實應該好奇，三位法律人總統的心理狀態呈現或隱匿了何種層面？他們有救贖嗎？

當然，個人心理層面的反應仍然脫離不了台灣社會的群眾心理狀態。所以，我們都認真面對自我心理層面的幽暗面了嗎？

將台灣的政治經濟現況歸咎於法律人治國，無疑是一個假議題，你認為諾貝爾獎得主李遠哲做總統會更好？此君不是教改的總策劃師？結果呢？中研院院長翁啟惠做總統會更好？可惜已因貪瀆案被起訴。台大校長楊泮池如何？最近因捲入論文造假案宣佈不續任台大校長。

再回顧三位法律人總統，第一位八年任期，一朝卸任，因貪瀆案狼狽入監，現保外就醫中。第二位卸任之日即是與司法奮戰之時，正全力捍衛處分國民黨黨產的三中案清白中。

現任蔡英文總統於就職文宣，只願意以「這個國家」稱呼中華民國，依語意辯證的邏輯，當然可以解讀蔡英文內心另有一個「那個國家」。「這個國家」可能是她想要解構的，「那個國家」可能是她想要建立的。她無奈的站在「這個國家」的總統位置，深心希望完成「那個國家」的最後一哩路，小英內心所呈現異想世界的國家圖像，是實然存在的中華民國與應然卻不存在的台灣國碰撞衝突，互相反噬，何其天人交戰啊！然則「這個國家」要如何治理？結果似已不問可知，治理的技術問題，早已是枝微末節，國家的魂體遭拉扯撕裂，可有人看見明天過後？

誰能說他們不是菁英中的菁英呢？菁英代表的價值涵意是什麼？是天縱英明的天之驕子？是一群龐大既得利益的代言人？還是巨大民粹的化身？答案或許在風中，而問題已足以凸顯假議題充斥下，台灣兩難的真正困境。其實個人造業個人擔，抽象概念的群體法律人無罪也無罰。

談談「律師性格」

自陳水扁任職總統以來，「律師性格」的社會印象逐漸刻板成以下印記：詭辯、狡獪，玩弄文字遊戲、既鬥爭又妥協、毫無原則，最終則演變為貪婪無厭、壓榨鴨霸。果然是「君子惡居下流，天下之惡皆歸焉」，律師性格成為律師不可承受之重。

而後溫良恭儉讓的馬英九執政八年，競選時被敵對陣營消遣是小孬孬，任期結束前，因推動與大陸的服貿案，竟然掀起太陽花風潮，總統幾乎政令不出府門，藍綠兩面不討好。

蔡英文的當選是時勢造英雌，她被譏稱為索然無味的「讀稿機」，不論是嚴肅或輕鬆的場合，蔡英文的氣質是不自覺的一派淡漠，非常所謂「文青」，生氣與微笑都好像隔著另一個世界，內在波瀾不驚，她真的不是煽動型民粹領袖，是台灣的選民自發性民粹，她的任期將預示什麼未來？我們只能耐心看下去。

但是，請不要再以「律師性格」解釋一切。至少，法律人的律師性格從三位個性迥異的總統身上，展現的是全然不同的風格。

■■ 問蒼茫大地　誰主浮沉——毛澤東之〈沁園春〉

一九二五年八月，毛澤東在湖南遭下令緝捕，避走廣州，途經長沙，詠嘆賦詞〈沁園春〉調，毛氏當年亡命天涯賦此天問時，相信其亦未能預知，二十年後的一九四九年其為開國元勳，革命太陽，一九六六年掀起文化大革命十年浩劫，政治鬥爭漫天蓋地，數千萬同胞遭迫害抄家。中國大陸倒退停滯逾三十年。

再如陳水扁以三級貧戶出身，應未能預料日後主張台獨，卻任職中華民國總統八年，而下台時刻即因貪瀆狼狽入獄之弔詭。法律人總統畢竟也僅是推波助瀾的弄潮兒，浪潮滅頂也只是共業浮沉吧！

其實並沒有造時勢的英雄，只有浪花淘盡風流人物，時勢所至，沒有此英雄，自有彼英雄，說法律人誤國，其實太沉重，法律人也許真的治國無能，但也只是無能而已，怎樣的人民就產生怎樣的領導，如果有人誤國，也應該是人民自誤人誤，是誰說的？民主政治，就是自作自受的政治。誠哉斯言，法律人並不能主浮沉，任何個人都無法主浮沉，主浮沉者國族的共業，人類的共業，其中自有累世因果。

而如果不願將一切歸諸因果業力，前提必須是治國者及人民能先看透浮沉的因果關係，從因處下手解縛。只是台灣當下早已習於自爽自嗨，習慣將複雜的議題以懶人包回答，拚命捍衛小確幸，風行草偃，為之奈何？

法律人還能有作為？

猶記民國七十二年某夏日，同儕學子三、五人拜訪黃越欽老師茶敘於寓所，師生坐論時局變化，越欽師慨言：「美麗島事件前夕，我通電施明德，勸其再冷靜三思，我當下分析：即使你竟然造勢成功，群眾運動蔓延至濁水溪，可曾想過國民黨眼看情勢失控，以一通電話通知北京進駐的可能性？屆時台灣將如何自處？在歷史的評價上，國民黨可以敗給共產黨，豈能失敗給你施明德？」舉座一時悚然，在座同學提問：即使國民黨未通電中共，中共能坐視？誰敢承擔國家分裂的民族罪人枷鎖？

越欽師稍默然，再說：「美國與我斷交前後，很多朋友談論移民，我從未作此想，我總覺得身為一個知識份子，即使台灣真的沉淪，我生長於此地，也要親身驗證台灣沉淪的原因、過程、結果，何況尚未及此，仍有可為。」

當時年少心性不脫狂躁，一席受教，狂心稍歇，方知安身立命之道，不在桃源仙鄉，而在當下立足之地。恩師已於民國九十八年辭世，典型在夙昔。

另一時，蘇永欽師與學子數人咸集於指南山麓，談及多年於兩岸交換教學之成果，師恬澹論道：「民法結構內建了公平正義的價值，在對岸教學，就是期望在不著意處散佈種子，啟蒙思想，若能開花結果，功不必在我。」我輩由是領會，此中有真意，欲辯已忘言。

又頃聞王澤鑑老師八十遐齡，仍孜孜不倦，弦歌不輟，今年四月在河南工業大學開五場民法講座，聽講學子非僅坐無虛席，更且溢於窗外，惟恐錯失瞻仰風範。

濁世滔滔，國事如麻，法律人不乏彈冠相慶者、提油救火者、攘臂造勢者。當此時刻，總是愈發懷想起曾經親蒙授業的師長身影，從而相信，即使世界動盪混沌如斯，仍然有法律人始終神志清明，淡定從容，知命，知禮，知言。

6

Chapter

鴻雁傳書潮起落

一位任職高科技新創公司的財務長，學經歷的頭銜均具分量，偕同一位特別助理，屈駕蒞臨事務所，請我審視一份前東家寄發的存證信函，函文內容大抵指摘財務長任職公司期間，經手處理辦公室裝潢，私下收受裝潢公司一筆回扣款二百萬元，警告財務長返還回扣款，並將追究相關法律責任云云。

看起來內容不複雜，人、事、時、地、物，存函都有交代，似乎並非無中生有，只能開門見山問一個事實：「存函寫的是真的嗎？」

空氣一時凝結，當事人略為憤怒的反應：「這是公司董事長要陷害我。」

答案並不直接而且對問題顧左右而言他，等於沒說。

我當下感受到的潛台詞還有：「律師怎麼可以就這樣隨便質疑我的操守人格？」

我頗懊惱，因為自己頭腦簡單，問了蠢問題，且容我整理思緒，重新開始請教：「負責裝潢的公司是您負責引介招攬的？」

當事人的臉部肌肉稍鬆弛，較為滿意的回答：「當然不是，裝潢公司老闆是董事長的自己人，他們是多年宗教同修的師兄弟。」

「裝潢工程驗收了嗎？工程款結清了嗎？」

「都完成驗收了，工程款也支付完畢了。」

「存函所指的收受回扣時間是在驗收款支付前或是支付後？」

「是工程尾款支付後二個月左右。」

「所以，您既無管道收回扣，裝潢公司也沒有動機付回扣，回扣一說不攻自破？」

當事人滿意的回應：「就是啊！」

好家在，終於問對了問題。

「回到存函的內容，您確實有經手裝潢公司支付的這筆二百萬元？」

「有，這是公司董事長命我去收取現金。」

「收了這筆金額作何用途？」

「充抵我之前借給董事長還有借給公司的資金。」

「如何證明您有資金借給董事長和公司？」

「都有匯款單。」

「既然如此，公司為什麼要發存證信函給您？」

「因為董事長換人了，公司有新的團隊入主營運。」

「您是財務長，為公司調度資金而與董事長及股東作借款往來，這與公司有資金關係情形，應該在會計帳務裡都有明確記載？」

「有些記外帳，有些記內帳，他們心知肚明。」

「所以，公司的財務體質健全良好嗎？」

「一定是不好，才會向董事長及股東調借資金，董事長也會向股東調借資金周轉。」

公司財務不佳，卻有新團隊仍願意投資入主，資本市場誰傻瓜？誰聰明？誰是螳螂？誰又是黃雀？

我不免更生疑竇：「新團隊入主公司有循例請會計師做D.D（due

diligence）財務查核動作嗎？」

「應該一定會做財務查核，但那是他們董事長的事。」

然而已經做了審計財務查核，就應該知道公司營運不佳，資本已有不足，仍然舉債做辦公室裝潢，新團隊入資收購股份攪和的動機是什麼？

「新投資團隊入主，對公司財務問題有跟您溝通討論過嗎？」

「當然有啊，他們要我配合美化帳面。」

「美化帳面？動機不外是三項，一是準備上櫃上市；二是繼續吸引外部投資人進場；三是向銀行增貸？」我一時脫口而出，不免又懊悔，話說得太快。

財務長眼神意味深長的閃爍一下，氣氛一時凝結，我們一定都同時警覺到繼續討論下去，水愈來愈深了。

我決定再起一個話題，重新聊起：「您們這家公司從事什麼業務呢？」

財務長回應：「環保業務。」

「環保業務主要是清除廢棄事業物，很辛苦啊！」

「我們公司不做這個，我們公司針對回收各類面板、太陽能板，做有效回收再利用，其中面板液晶的成分有苯環、環己烷，舊法只能埋土，是土壤殺手，環境高污染化學物；太陽能板製程中晶圓切割產生出的矽污泥以及作廢回收產生的重金屬鎘、鎵，都可以進行更有效率的回收處置，處理過程中不會產生新的化學污染。」

我當下讚嘆：「果然是既有商機，又造福人群，好一筆大生意，必定是舊技術有所不足，新開發的技術效率更好，取得專利權了嗎？」

財務長略為囁嚅：「不是我的專業領域，我就不太清楚，好像說有申請周邊專利，但核心技術專利尚在籌劃送件中，還沒核下來。」

閒話至此，公司負責人的意圖已昭然若揭，所取得的專利註冊證書，其實距離真正能夠有效的商業運用，還有相當差距，市場戲稱垃圾專利。而核心的專利何時能夠真正有效商轉，其實是牛年馬月的事，然而公司實際內部運作的程序一定相當精密複雜，還是別扯太遠，我要回到主題：「您收到存函之前，公司董事長有跟您溝通過嗎？」

「有啊，他們希望我將手頭公司持股讓渡出來，我不接受。」

「既然公司已經財務不佳，淨值可能是負數，您為何不趁機出清持股下車保本？」

財務長不免又激起了義憤：「別鬧了，他們要我每股二元讓渡，我知道，他們打算完成形象包裝一股作價到四十元，找新買主入股啊！」

心中讚嘆，果然是一筆翻雲覆雨的好生意，但原始經營團隊真的肯輕易就範？

「公司的前任董事長及董事都同意讓渡股權了？」

財務長悻悻然抱怨：「董事會不團結，一切都是前任董事長主導，董事各自為政，新任董事長放話，如果股權不能順利讓渡出來，要追究公司治理高層違法責任，有背信、侵占、違反商業會計法，前任董事長就說服董事，以買斷或者以暫立借據、出借股票等配套措施，等待辦理增資時可以享有優先認股權的方式，釋出原有持股，讓新團隊可以順利入主。」

「那前任董事長呢？」

「應該還留在董事會，他的持股部分並沒有讓渡釋出。」

「那你的持股呢？」

財務長當下直答：「我不甘願啊！也有一些原始股東無法接受，找前任董事長溝通，他說他也是被逼的，沒辦法，但其實他最清楚公司狀況。」

我不禁陷入短暫沉思，這位前任董事長，似乎是很雲山罩霧的高人，以專利尚未成熟，未來前景不明的技術，籌集資金成立一家科技公司，公司資金去向不明，陷入現金流量不足困境，再邀請新團隊入資，以公司內部治理的弊端，要脅驅離舊股東，新舊任董事長攜手重新包裝公司形象內容，仍以擁有先進技術作為核心價值，再次辦理增資吸收資金，現在是一魚二吃，也許還可以三吃、四吃。然而資本市場似乎永遠不缺對海市蜃樓懷抱憧憬的投資大眾，又是一幕波濤拍岸的資金聚散秀，醞釀登場。

然則，財務長的意思呢？只得再次開門見山：「您對這封存證信函，打算如何處理？」

「律師你看呢？」好一個借力使力。

我只能自問自答：「回覆一封存函，否認來函的背景事實，點明公司治理的責任歸屬，埋下日後究責的線索，適度警示對方可能啟動的法律風險，不要妄動。」

財務長略為頷首，不即表態，卻側身回望了一直沉靜的特助，特助倒是更客氣微笑表示：「律師高見，回覆存函的方向，與我們不謀而合，下筆文字請多費心。不過我們還希望存函傳遞一個善意訊息，未來公司辦理增資過程中，我們有一個小小的私募資金，大陸市場也有人脈可以提供運用，開發過程多少互相支援，條件雙方需再商議。當然這些都不好明說，點到為止，對方能夠意會即可。」

一時恍然，會談中這位特助不顯山不露水，原來之前是真人不露相，此刻更是慈眉善目。

特助稍頓，語氣更客氣的表示：「本案如果將來有介入增資的機會，還希望請您擔任法律顧問。」

只能淡定一笑：「承情之至，存函可以代擬，以後的事再說吧！」

「當然當然，存函經財務長確認，即請寄發，不多打擾。」

恭迎恭送，當事人搭電梯離去，再三咀嚼「特助」的好意，法律顧問大概可以辭謝了，職業二十餘載，明哲保身之道應還懂得。

踱步回座辦公桌時，不知何以然，心中低吟了一首唐詩：

涼風起天末，君子意如何？
鴻雁幾時到，江湖秋水多。
文章憎命達，魑魅喜人過。
應共冤魂語，投詩贈汨羅。

原詩為杜甫懷念李白的感慨之作，與適才眼前情景自是絲毫不相干。只是聯想資本市場的江湖，似乎也如秋水潮漲，深不可測，其中魑魅魍魎吞噬人性的伎倆，一山還比一山高，多少蝕本的投資冤魂頭出、頭沒於江海浪潮間。惟嘆天地不仁，視萬物為芻狗而已。一番胡思亂想，不免自嘲，再想想，想太多了。

後記：一枚彩蛋

本文甫落筆，乍見二〇一九年六月二十六日電子媒體一則最新報導，大抵為台中一家科技公司，其負責人宣稱擁有多國五項記憶體散熱模組專利，並稱其專利鑑價值高達五十億元，引來晶圓代工大廠旗下投資公司、股市大戶、房地產大亨及證券分析師兼名嘴等人砸下重金投資。

但台中地檢署上月中祕密指揮調查局兵分多路搜索，聯手偵辦該研發記憶體模組的未上市櫃科技公司董事長，其涉嫌以假財報及專利鑑價報告美化帳面，誘騙投資人購買股票，估計不法金額恐高達十億元。

該公司利用所持有的多項跨國專利，鑑價市值約五十億元及海外不實訂單，創造營收假象，使不少投資人誤以為將來興櫃後前景可期，因而捧著大把鈔票買進股票，如今卻可能淪為壁紙，損失慘重。

見報莞爾，太陽底下，果然沒有新鮮事。

7

Chapter

當代哈姆雷特的煩惱

你見過字紙簍裡的蜘蛛嗎？如果字紙簍內有廢棄已久的文書用紙，蜘蛛也會在閒置的字紙簍寄居，並且鋪陳一張綿密有緻的網格，字紙簍的主人雖然清閒，周遭的生態變化卻從沒閒著。

二〇〇八年的全球金融風暴，美國雷曼兄弟銀行倒閉，百業困頓，到了二〇〇九年一月，政府甚至祭出消費券政策刺激景氣，回想那兩年光景，頗有「悵望千秋一灑淚，蕭條異代不同時」的況味，事務所也只能以賺閒自嘲度小年，當年我的字紙簍也結著蜘蛛網。

一日午間小憩時刻，意態正朦朧，總機轉接一通電話進來，稱謂介紹稍令人訝異：「老師您好，很久不見，我是您T大上過課的學生。」

一時間往事湧上心頭，十餘年前甫卸公職轉任律師，平時既疏懶於應酬，惟恐坐吃山空，只得在幾間大學兼課打發糊口，鐘點費既微薄，又誤人子弟，深感內疚神明，絕非長久之計，幾年後就陸續辭卸教職，不想事隔十餘年後，仍有學生記得那一段課堂生涯。

思緒稍停，趕緊回話：「很抱歉，我不做老師很久了，不敢當，有什麼指教嗎？」

「我最近有些家務事，知道老師一直在執業，希望與您面談請教。」

「歡迎之至，你要約來事務所？」

「是，老師有時間嗎？」

「你稍等，我看看庭期。」我下午既沒有庭期，也沒約人，但是……約明天下午吧，律師業務太輕閒也未免沒面子。

隔天下午三時許，當事人依約蒞臨，四十許的壯年人，一望即知是事業有成的企業主，陪同一位婦人，比我還要長幾歲，尊貴素樸，應該是當事人的母親，寒暄入座，我開始傾聽當事人述說他的家務事。

「我在十年前回國繼承家族事業，從基層做起，公司是我父親打拚出來的，早年勞碌過度，健康一直不好，五年前我終於升任總經理，但主要負責開拓大陸市場，建置工具機整廠輸出，台灣業務都是執行副董處理，去年父親往生，我回台處理業務，發現公司一直賺錢，股息紅利也年年正常分配豐厚，但從未開過股東會。」

這是家族公司的通病，股東董事都是一家人，司空見慣，不足為奇，我只能隨口應聲：「你請執董說明就可以，既然股息紅利分配正常，應該就是懶於形式而已。」

當事人略為苦笑：「我原本也是這樣想，但是繼承清理父親的股權事務，副董事長表示我家股權只占百分之二十，我才驚覺不對，公司是我父親一手建立，董事長是我父親，創立當初股權占八成，其餘兩成分給親戚，湊足七名股東，怎麼可能股權占比顛倒了呢？」

我也開始好奇，關鍵人物的身分為何：「公司的副董事長與你是什麼關係？」

當事人欲言又止，一時略顯無措，身旁的母親終於啟口：「副董事長是我弟弟，公司創立時我弟弟出象徵性的資本，以技術股的名義和我先生一起打拚，我先生往生前中風臥病多年，公司就實際由我弟弟在管理，他也很努力，公司業績一直成長，我們一直很感謝他，但沒有想到他竟會做這種事。」

母親的弟弟，就是當事人的舅舅，《詩經》秦風吟詠：「我見舅氏，如母存焉。」是很親的血緣關係，其中自有千絲萬縷的糾葛，但不外是完全的信任，總經不起人性的考驗，往往只有血緣至親，才能夠造成最大的傷害，娘舅執董的搬運手法為何呢？且聽當事人娓娓道來：

「我發現股權比例異常後，就調閱公司股權抄錄原始資料，才知道公司初創時是有限公司，五位股東之中我與父親及妹妹合計三席，我舅舅與表弟各二席，我母親任監察人，我父親往生前中風，在這期間公司辦理增資並辦理變更為股份有限公司，我舅舅引進舅媽及二位表弟四人為股東，成為股東七人的股份有限公司，我們家出資額未變動，我方三人仍是股東，母親仍是監察人，公司的資本額已經從一百萬增資為一千萬，我方出資額從八十萬元增為二百萬，我舅舅家族從二十萬增資為八百萬元，增資過程我們不知道，也沒出資，股權結構已經主客易位乾坤顛倒了。」

「辦理公司變更增資，你們卻都不知道？」

「當時我人在大陸，父親中風臥病，母親要照顧父親，我妹妹又出嫁，公司事務就是舅舅處理，印象中他有說公司規模擴大，變更為股份有限公司，仍給我母親做監察人，我們都視為理所當然，根本沒細究。」

我大概可以知道這位執行董事操作的手法，只想再確定一些細節：「決定增資當年度的股東會議有嗎？」

當事人已有準備，拿出當年度的股東會議簽到簿影本，無奈表示：「股東會都是形式，舅舅持股東會簽到簿給我們補簽名，我們從來都是簽名了事，不會管股東會議紀錄的內容。」

「你們公司的規模不小，應該有法律顧問，現在事發了，你有問過公司的法律顧問的意見？」

當事人略為苦笑：「公司的法律顧問是舅舅請的，他們是多年好友，我們怎麼敢諮詢顧問律師？」

是啊！所有的宮廷政變，在皇親國戚主導之下，羽翼必然已遍佈安插於朝廷，形成密網，無論性質結構，古今中外大同小異而已。但我很想聽聽可能的專業意見，再問：「你出社會也將近有二十年了，而且事業有成，應該還有其他律師朋友可以諮詢吧？」

「我在EMBA上課時有認識律師同學，他表示這是十年前的增資案，現今追究民、刑事時效都逾期了。」

我再看手邊的股東會議簽到時間，當年的增資案發生於民國八十八年，不論是刑事偽造文書、背信的追訴時間，或是侵權行為的時效期間，確實都已逾十年，看來很無解，但是好像還有一些情況可以進一步釐清：「你們公司歷年的股東會議、董事會都有記錄？」

「應該都有，每年要作帳並發放股息紅利，所有的會議紀錄、簽到表都由會計師保管，公司的會計也會有留存影本。」

「歷年的會議簽到簿你們有簽名嗎？」

「可能有簽，可能沒簽，有簽名也是形式，十幾年來沒有真的開過會。」

討論至此，已大致可告一段落，我建議當事人備齊自增資案發生日前一年迄今的全部股東、董事會議紀錄，尤其是簽到表，再來評估案情。當事人自是茫然不解，我也是沒有當然把握，只能摸著石頭過河，給一個可能的方向：「你諮詢的律師認為民國八十八年的增資案縱有不法，迄今已逾十年，時效消滅，大抵不錯，但是如果可以視為偽造文書接續或連續行為，應該以最後行為終了時認定犯行時點，刑法連續犯規定自民國九十四年二月修正取消，但當時的連續行為仍然視為包括的一罪，以最後行為時點認定行為完結時，也許時效是否消滅就還有討論的空間。」

當事人略顯興奮，似乎看到了曙光：「您建議我們要怎麼處理？」

雖然有些躊躇，但想想，還是讓當事人做好心理準備：「歷年會議都是在實際未開會的狀態下，虛應故事簽到，簽到人可能都構成偽造文書，如果決心發動司法追訴，我方當事人也會同時涉案，可能要評估相關伴隨的法律風險。建議你們在議事簽到簿有自己親簽情形，以自首的方式一併告發，讓我方取得主動權。」

一時氣氛黯然沉寂，當事人的母親尤顯不豫之色，我完全可以理解當事人的心理，體面家世出身，特重名譽，豈能接受公司資產遭橫奪，自己還要先承認犯罪？應該開導當事人嗎？我隨口提問：「你們讀過金庸的《天龍八部》嗎？」年輕的當事人一臉茫然，倒是母親略有興味：「當然讀過，七十年代的港劇我也是追劇一族。」

「您還記得少林小和尚虛竹如何破解珍瓏棋局嗎？」

當事人的母親稍作一番思慮，目光轉為深沉：「我大概有點懂了，珍瓏棋局要重新作活，必須先犧牲自己幾枚棋子。」

我稍鬆一口氣，進一步解釋：「您智慧，其實這種偽造文書，本來就是輕罪，自首依法減刑，應該有相當緩刑機會，緩刑期滿罪刑消滅，真正影響微乎其微。」

當事人看母親態度和緩，自己也放輕鬆了些：「原來我媽讀書比我多，我要回去補習《天龍八部》。但是除了自首，還有別招嗎？」

這才是大哉問，我略事整理頭緒，表達三個方向：

「第一，你還是一席董事兼總經理，媽媽仍然掛名監察人，依照公司法可以請會計師查核簿冊文件，如果可能不動干戈，就請公司會計人員配合交出最大可能範圍的會計帳務及存摺明細，最為理想。

第二，自首並且告發每年股東會、董事會的簽到造假，是偽造文書。

第三，民事訴請法院確認增資股東會議不成立或無效。並請求回復股權登記原狀。」

當事人一時自然無法消化，只能提問一個最重點：「您看有把握翻轉情勢嗎？」

這大概是律師最常遇到的問題，當事人總想事先預卜未來，但未來是一種隨時變化的過程，我們只能做當下的決定而承擔後果，案件不是我審判，縱使有些類型化案件可以一目瞭然，我通常仍得語帶三分保留，更何況本件是摸著石頭過河的疑難雜症，得實話實說：「案件已延宕多年，本來就棘手，必須有長期纏訟的心理準備，結果如何無人能未卜先知，有時就是見招拆招，過程中的變數可能性很多，嘗試就有機會，不試就只好接受現況。」

當事人母子都略嘆一口氣，這回是母親發話：「我們懂得，事已至此，只能放手一搏，我會讓孩子再補齊資料，約時間再拜訪。」

五百年前，莎士比亞藉哈姆雷特的獨白，唱念千古名句：「存在或毀滅？這是一個必須思考的問題。」其實這是一個可以無限反覆辯證的天問，要生存只能放手一搏，否則就是坐以待斃的毀滅消亡，但是如何一搏？一搏是否是加速毀滅？爭取一時苟延殘喘，是否也是一搏的方式？執業生涯中，遇過許多大大小小的類哈姆雷特，家族事業成功者類型大同小異，發生困境的失敗者，則都有各自不同的故事，每一則故事都有人性在親情、貪婪、犧牲、愛慾的捶打試煉，當事人驚心動魄、憤怒、挫折、不知所措。律師深入閱讀這些事件的肌裡，每一則案件都是警世傳奇。誠如張愛玲喟嘆的：「現實人生總比戲劇還要戲劇。」

我與當事人約了下次見面的時間，回到辦公室，不覺又看到字紙簍裡勤勤懇懇結網的蜘蛛，想起要吩咐助理，辦公室應該要打掃整理了。

後記：填一個小坑

《天龍八部》第三十一回寫虛竹和尚旁觀逍遙派弟子蘇星河擺一盤珍瓏棋局，與各路高手對奕，無人能勝出，卻被小和尚虛竹無心亂下一子，使己方已被圍困的局棋自毀式被提子，不料局面反而豁然開朗，珍瓏棋局竟然得以破解，此回的題目為：「輸贏成敗又爭由人算」。似乎意指人算不如天算，但其實若全然不算，也無機會贏棋，虛竹第一手落子固然是無心的自殺棋，但以後的棋局發展，則步步皆賴大理國太子段延慶幕後指導，才能破解珍瓏棋局，最終取得贏局。

當事人的母親記得這一段珍瓏棋局，隨即體會自首偽造文書，就是以犧牲自己少部分棋子為引，進而破解執行董事的珍瓏棋局。

《天龍八部》全書五鉅冊，現下年輕人或已無力消化，但是電腦遊戲版本很多，可以玩得不亦樂乎。

8

Chapter

暴雨將至

時值新冠病毒肆虐全球，封城成為防疫的必要手段，人流物流門前冷落車馬稀，據說人類的生活習性因此次疫情，將產生根本性變化。二〇二〇的庚子年，或者預示了末世的各種徵兆，人心的隔閡終將導致人群塊狀的疏離，上帝的大能正以多重手段再次崩解巴別塔。我們在疏離與隔離的狀態中，共同進入精神解離狀態，團塊內部的固結，與團塊之間的裂解，處於同時發生與進行的過程之中，是當代的浮世繪。

盛暑六月的午后，昔日眷村的謝家兄妹推著輪椅將一位老太太送進事務所，老太太是鄰村的華媽媽，我不是很熟悉，但約略知道華家有兩兄弟，老大華定國書讀得好，事業做很大，早年的電子新貴，現在是台商。老二綽號叫阿邦，就顯得諱莫如深了。我童年不太懂事，青年負笈北上後就少回台中，村子裡以後的事情多不甚了了，只是眷村故人相逢，不論天南地北，都有老鄉見老鄉，兩眼淚汪汪的舊情綿綿。

寒暄招呼後，謝大哥先開口：「華媽媽是隔鄰空軍眷村的，你認識？」

端詳眼前這位老太太，一身單薄黑洋裝，身形清瘦如風中之燭，我只能努力尋找模糊的記憶：「還有印象，小的時候我媽在華媽媽家打過麻將，她們是牌搭子。」

「嗯，華家老大跟我同年，是鐵桿兄弟，他家老二又出狀況了，需要你幫忙。」

「出什麼事了？」

「家暴，華媽媽又挨揍了。」

我一時瞠目結舌，仔細看華媽媽左眼圈果然有隱約瘀青：「是什麼狀況？」

謝大姊有些氣急敗壞的插上話：「華家老二大前天，在大街上攻擊路人，驚動華媽媽出來拉扯勸架，回家後老二情緒失控，對老媽也動手。」

我聽了不免一時血脈賁張：「太可惡了，他是不是瘋了。」

華媽媽這才嘆了一口氣：「算了吧，他就是有病，挨打又不是一回了。」

我這才稍恍然。小時候好像聽長輩閒聊八卦，華家老二有病，現在又是什麼情況呢？老二人呢？

謝大姊接著說：「華建邦已經給強制送進精神療養院了，醫生說他有嚴重的被迫害妄想症，還有思覺失調症，目前可以強制醫療觀察一到二個月，病情如果穩定，可以考慮送草屯療養院附設護理之家，但是要親人簽署同意。」

謝大哥接著說：「這事華家老大拜託我幫忙全權處理，他在武漢回不來，這個情形你知道的，法律上該怎麼辦呢？」

阿邦這種情況，就是社會一枚不定時炸彈，街道上遊走隨時可能爆發不可預料的風險。我略為思索，提出幾個方向，一是聲請家暴暫時保護令，老人家的人身安全堪憂，通報社會局列入高風險家庭；二是向法院聲請華建邦監護宣告或者輔助宣告；三是確定病人能夠在療養院康復中心或護理之家長期強制治療，不能再回家鬧事。

謝大哥點頭說：「行，就這麼辦。」

他連忙轉頭向華媽媽要身分證，華媽媽稍作猶豫的掏出證件，我核對了證件，華媽媽姓粘，我不覺隨口一問：「華媽媽是彰化縣福興鄉人？」

華媽媽一楞：「是啊，你怎麼知道？」

「我國中一位同學姓粘，跟我很談得來，他說他祖上是來自黑龍江的女真滿州族，本姓完顏，乾隆年來台開拓，他還帶我參觀粘氏宗親祠堂呢！」

謝大哥聽得頗入神：「原來華媽媽是彰化人，這麼多年我們都不知道，還以為村子裡的媽媽都是外省掛的。怎麼會跟華伯結婚呢？」

華媽媽一時間臉上似乎閃過一絲紅暈光彩，娓娓打開話匣子：「快六、七十年前嘍，當年讀中學流行交筆友，你們華伯伯當年是飛官，小女生崇拜的偶像，寫字跟本人一樣豪邁英俊，但是年紀比我大十來歲，我不顧家裡反對就私奔了，他真是好人，可惜走得太早了。」

謝大姊比我年長，記得事多，接著話說：「華伯伯後來摔飛機了，他們空軍村子不時有人失事，我們陸軍的村子雖然窮，其實反而過得安穩。」

是了，小時候看空軍眷村，真是很羨慕，總覺得那是貴族特權階級，房子都是花園洋房，甚至院子裡有養狼狗的，聽說常有美軍補給的牛肉罐頭。陸軍眷村都是竹籬笆破落戶，固定配給麵粉的袋子能做成內褲，就很不錯了。當時不懂，後來才領悟不同的待遇是要付出不同代價的。

言歸正傳，我請助理進來會議室吩咐：「妳去拿委任狀進來，讓當事人簽名用印。」

等助理向華媽媽解釋用印位置時，華媽媽遲疑了一會兒，徐徐詢問：「我手續辦了，老二會怎麼樣？」

沉默片刻，當下乍然意識到，適才恐怕是不免一味懷舊忘情，而且過度想當然爾，我差點疏忽了律師作業標準程序：「對不起，華媽媽，我忘了提醒您一些事，您現年雖然高齡八十六歲，但是看起來您的認知表達能力都很正常？」

「對啊！」

「我是律師，應該完全尊重當事人本人意願，半分勉強不得，所以您自己有能力判斷決定關於您自己和兒子的關係？」

「可以啊！」

「您家老二華建邦有精神疾病，而且會失控打人，您也被打傷過？」

「我知道，沒辦法。」

「您是否會害怕有生命危險？」

華媽媽想了想：「還不至於吧！我就是小心別激怒他。」

「謝家大姊擔心您，如果請律師幫華建邦聲請法院作監護宣告，可以由您決定華建邦的狀態，然後送療養院做後續照護治療，您願意嗎？」

華媽媽兩眼逐漸濕潤，我趕緊遞上衛生紙：「老二的病，可能我也有責任。我一直覺得虧欠他，我在懷孕時，他爸摔了飛機，我只差點沒跟他爸一塊兒走，他在我肚子裡一定就有壓力了，勉強生下來，吃的母乳恐怕都是眼淚化成的，老二沒養好，我也對不起他爸，臨終了讓他關進精神病院，我不能忍心。」

輪到我們面面相覷了，謝大姊先沉不住氣：「華媽媽，阿邦要是病發作起來，您有危險怎麼辦？」

華媽媽抽搐著揉揉眼睛：「算我欠他的，就當作還他吧！」

身為律師，我只能吁一口氣，望著謝家兄妹：「愛莫能助啊！」

事已至此，謝大哥只能無奈點點頭：「只能把華定國叩回來，無論如何要他本人回來處理。」

「盡量吧！這疫情若止不住，也一時急不來。恕我多問一句，華媽媽的經濟狀況如何？」

「華伯伯當年留下的月俸本來就不少，後來單位給華媽媽安插進公家機關工作，也有退休俸，現金積蓄加房產，要照養阿邦其實綽綽有餘，何況老大華定國在對岸事業做得不小，只是將來善後怎麼處理阿邦是個大問題。」

可以預料，這會是一件典型信託安排業務，得從長計議。

「現下怎麼打算呢？」

謝大姊無奈的表示：「先去我們家住幾天，避避風頭，等華建邦比較穩定了，再看情形。」

空中忽然響起一陣悶雷，我們望向窗外，竟已是烏雲密佈，天色如晦，台灣夏季的熱帶氣旋眼看要起風了，隨即飄起陣雨，我不免關心：「是否再坐一會兒，等這陣雨過去？」

謝大哥說：「天色不對，接下來恐怕是暴雨，我們先告辭了，等跟他們家老大討論定案了，再來拜訪。」

我幫忙引導謝家兄妹推著輪椅送華媽媽進電梯，華媽媽在電梯口握著我的手叮囑：「我日子不多了，將來阿邦要多麻煩你們。」

目送電梯緩緩關門，剎時我的胸口也堵了一下，驀然間窗外竟已是大雨滂沱。

9

Chapter

搶救鐵道工程大兵

台中市鐵路高架化工程，自二〇〇九年動工，以迄二〇一六年十月完工啟用，造型設計以鋼構線條打造前衛現代感，同時保留舊車站的紅磚巴洛克式古蹟，整體呈現記憶傳承而其命維新的精神。當代台灣社會這種新舊並呈的形式是一種流行，如果不覺得違和，則可以視之為典範轉移的具體表現，而硬體的典範轉移，也許比心靈的典範移轉來的容易。當然，對於何者為典範？是否為典範？也自有兩說。

習於搭乘火車的市民，使用新站已經是一種生活的日常，然而，熙來攘往的人群想必少有人知道，這段高架鐵道興建的過程中，曾經爆發一場疑似貪瀆弊案，幾乎毀滅一群工程師的命運。

二〇一四年六月間，媒體社會版出現一則悚動而令人髮指的新聞，鐵路工程處一位資深女性審計員遭歹徒擄押，拍下不雅照片。案發後震動檢調單位，展開雷厲風行的偵辦，據傳本案是因為鐵路高架化施工進度所觸發，被害人指證因為她拒絕高層上司對營造公司的不當請款放水，擋人財路，營造公司竟然指使黑道對她擄押恐嚇，警告意味濃厚，手段粗暴囂張，一件暴力犯罪即刻升高為公務部門的貪瀆弊案。鐵路工程處立刻陷入暴風圈，調查站先是約談鐵路工程處自處長以下至基層技士，所有經手估驗放款的承辦人達十餘位同時到案，再經檢察官隔夜複訊，其中一位處於全案樞紐地位的段長遭聲請羈押禁見。

這次約談、複訊、聲押自前一天中午進行到翌日凌晨四點許，可以想見是一場馬拉松式訊問，負責陪訊的陳律師固然是身心俱疲，當事人還在拘留室，臨界壓力也備受考驗。

我是在當事人被凌晨複訊後的當天清晨進入辦公室，準備聽取簡報，負責陪訊的陳律師雖是徹夜未眠，眼皮沉重，仍然強打精神，盡力嘗試將案情整理陳述：「林先生是台鐵工程處的段長，負責工程施工進度掌控，檢察官認為營造公司施工有延宕，應該依約開罰，並且停付估驗款，林先生擅自同意營建商就延宕工程辦理停工及復工，涉嫌偽造文書而且圖利廠商。」

「當事人自己怎麼說呢？」

「林先生說工程延宕，是因為前一標案的廠商已經交付遲延，不能全怪現在施作廠商。」

「然則，何以仍然聲押？」

「有共同被告作證表示，鄰標工程的遲延交付，不影響本件工程的施作。」

好傢伙，真是致命一擊！只能無奈一問：「聲押庭將開，你的建議呢？」

當客觀情勢令人束手時，我們都只能嘗試抓一根浮木。

陳律師倒是很用心地稍作沉思：「涉案調查的工程進度，已是三年前的事，許多細節，當事人說其實記不清楚了。」

刑事偵查羈押案件，被告要臨時追溯回憶多年前承辦行政事務的每一環節，對當事人本來就是先天的不公平劣勢，專業的辯護人心知肚明，被告一旦被收押禁見，既無法回任職單位查找相關有利的文件資料，承辦同事也同樣因身陷風暴人人自危，避之唯恐不及，被告既難見外界天日，就幾乎陷入孤立無援境地，若有冤情，就大有可能釀成一錯到底的冤案，當事人更有可能於羈押期間心理狀態崩潰，寧願自認犯罪，只求早日交保，換得喘息空間，但是再回首已百年身，這不僅是當事人命運交關的時刻，也是律師最無力的時刻。

法院的聲押庭將在下午召開，時間分秒消逝，我再略為整理思緒，當即要求陳律師：「辛苦了，但你還不能休息，請立刻做成陪訊過程的摘要，我要看陪訊的筆錄梗概。」

待陳律師完成陪訊筆錄摘要已將近中午，雖是摘記，但內容頗詳實，陳律師這方面的基本功不差，他終於可以回家闔眼補眠，我則大約還有二小時功夫消化案件，聲押庭通知將在下午一點召開，很是急急如律令。

我在下午一點進入法院的地下拘留室，第一次隔鐵窗看到當事人，年約三十餘數，憔悴清癯，意態斯文而略顯消沉，我們還不方便上前交談，只能略為頷首示意。

但我仍然得知一項奇怪訊息，本案對偵辦中的十餘名被告，只有我的當事人被聲押禁見，是因為當事人特別不配合？或者這會是檢方處置發生戰術上的失誤缺口？

法官檢察官抵達拘留室後，羈押庭隨即召開，我們仍然面臨檢方首發的激烈砲火：

「本件主要內容為，就被告與營造公司在五三一標，明知道不能夠做延期展延仍然同意營造公司展延，圖利營造公司共三千三百八十九萬三二一九元免予開罰的利益，計算式檢附在聲請羈押書裡面。偽造文書部分，是指被告在簽呈裡面逐級呈核，其中內容就不應展延工期而展期部分，也登載在該簽呈裡面，所以我們認為是登載不實。至於背信部分，被告為中工處公務員，負責處理五三一標的業務，為了圖利掩護營造公司，避免公司被高額開罰，就不應展延部分而予以展延，違背其任務之行為，足以生損害於中工處就有關工期管理預算執行的利益，這部分也涉嫌公務背信。羈押理由詳述於聲請羈押書，昨天至今天訊問其他共犯的供述，他們分別供述受被告指示，抽換營造公司之復工報核表，而被告自己也承認說本件是依照他自己的確信辦理。再來是被告講述說他單方面認為可以予以延展的理由，不但沒有法律依據，也沒有徵詢律師的意見，更與契約的約定有違。目前到場所有被告及關係人，甚至連處長也認為不應該展延而認為自己有疏失，我們認為有相互勾串之虞，所以有羈押之必要。」

檢方的聲押書面有堂堂三十餘頁，攻勢凌厲，法官例行性詢問了被告意見，在我們經手過的貪瀆案中，以工程案件最棘手，事涉經緯萬端，又多屬專業領域，絕非三言兩語能辯清楚，何況手邊全無資料，一般法官大多尊重檢方辦案，援例先行羈押再慢慢偵查，大抵是常態，當然在此絕對劣勢下，越查對被告越不利，也可以想見。

然則，計將安出？辯護人終於要發表意見，我得吸一口氣，提醒自己要從容，要逐項清楚說明，確認法官能夠聽得入耳：

「首先，如被告所言，客觀書證已查扣在卷，同案的關係人或是被告，都已經傳訊完畢，在此情形下，檢察官以有串證之虞為理由，但是卻只收押被告一人，我認為理由明顯不足，如果要說串證，也不應該只收押一人，只收押一人，其他人在外面串證，只是讓被告一人承擔不利後果。進一步講，如果檢察官認為被告還有其他關係人的犯罪事實沒有供出，以此作為收押被告的理由，形同是利用收押的手段，要求被告供出其他關係人，這裡面有相當大的法律上風險，收押理由已經自相矛盾而且處置偏頗。」

在涉及工程專業的案件中，法官與我一樣是外行，當下深入論述工程專業既非所長，法官也大概聽不下去，只能就檢方聲押的法律結構而切入戰場，檢方只聲押一人，就可能是結構性破綻。

「第二點，就涉案相關事實而言，初步看起來，涉及工程合約施工管理的法律認定問題，這部分其實相當見仁見智，本件五三一標，被告所主張見解認為其中一段NTP1+390工程段，這部分只是屬於契約中的整體工程的階段部分，因此評估是否逾期並且應該罰款部分，應該要以整體工程作為一個評估的範圍，而不是切割一個特定條款的工程區塊作為認定，當時監造公司及設計公司的意見跟被告一樣，就我們瞭解，被告單位審計人員有不同的見解，當時法律顧問也有不同見解，但是這部分縱使有不同承辦人員有不同見解，仍然是屬於法律見解以及工程專業判斷上的爭議，因此被告當時依據他的認知，而且他的認知也並非只是他個人認知，監造公司和設計公司都有這樣認知的時候，我們認為就被告自己主觀上做出專業判斷，不能就推斷被告當然有觸犯貪污治罪條例的罪嫌。」

我要進一步表達，本件涉及工程專業，法律人的認知不能過於率斷，本案涉及各方的工程專業領域，認知結構與檢方不同。

「第三點，就本件最後檢察官提到營造公司逾期違約金三千三百八十九萬元餘元部分，其實如果合約上確實可以求償，縱使承辦人員在過程中有不同見解，仍不影響本件合約甲方業主可以依法對逾期違約金求償的權利，本件整個工程目前還沒有達到驗收階段，所以就逾期違約金，其實業主鐵道工程處仍然可以對營造公司求償，業主也仍然掌握了承商的工程保留款，我們認為圖利營造公司無法求償這一點，在法律上完全站不住腳，事實上本件究竟是否造成工程處實質損害，可能也要就工程處事後自己進行法律求償程序進行判斷，而不是被告自己在承辦業務過程中片面意見，就可以做成最終決定。」

我再提醒法官本件被告的處置，沒有造成公部門實際損害，檢方目前的認知在法律層面也有相當可議之處，然後可以作結語了：「我們請鈞院斟酌被告是一個工程人員，本件工程也在進行中，被告表達能力受限於事發突然，沒辦法做完整的回憶陳述，但基於專業人員的負責態度，被告就本件承辦業務並沒有推諉，被告於檢察官及鈞院訊問過程中，可以清楚看見被告始終在專業上堅持自己的認定，如果這個判斷認定有法律上責任，被告也願意承擔。」

「綜上情形，我們認為本件無收押必要，檢方聲請羈押理由不完備，請求法院裁准交保候傳。」

落座後深呼吸一口氣，稍覺如釋重負，雖然接下來，檢辯仍然有幾回合交鋒，但我認為都只是餘波蕩漾，大勢已抵定，能否交保全憑法官一念之間了，倒是法官問被告最後有無意見補充時，被告本人作了總結，相當發人省思：

「首先，我要向檢察官釐清一件事實，聲請羈押是否認為我涉及本單位審計同仁被擄的案件？如果有證據證明我涉案，請法官收押我，絕無怨言，如果沒有證據，只有主觀懷疑，我可以用性命起誓與我無關，審計同仁的遭擄，我們單位都很震驚，也希望檢警嚴辦，但請不要亂槍打鳥，不辨青紅皂白。」

「第二，就我經手的五三一標案到目前為止，保留工程款足夠索賠之用，若是後續的發展認為營造有逾期責任，依照公務人員做事態度，我們可以重新來簽辦作業，我們還有充分餘裕來做後續處理。我身為一個公務人員，我不跟廠商來往，我穿的衣服都是非常拮据的工作服，沒有圖利廠商的必要，檢察官指控我有圖利廠商的嫌疑，身為認真的工程人員，真是使人心寒，若我還有機會當公務人員的話，我將非常的小心，所有工程案件我都不作決策，我只要找律師問，才可以進行，問不到律師，我就給上級決定，我只求沒有責任就好，問題是政府公務員人人只求自保，這樣對於國家有助益嗎？這個問題留給法官、檢察官考量。」

空氣一時凝結，我當下察覺，能夠影響法官交保的心證，也許不是我自以為是的嘮叨辯解，而是當事人自己的肺腑心聲，法律人偶爾會為自己的造業略為反省，甚或汗顏嗎？

法官在作羈押裁示時分，永遠是我們屏息以待的一刻，我們得到的答案頗為意外吃驚。

法官裁示：無保請回。

收到裁定書後，我們也只能高興一天，檢察官隨即提出抗告書，仍然洋洋灑灑，高等法院也立刻在兩天內作出回應，廢棄原裁定發回更審。

只能說高等法院一貫對重大案件的態度保守謹慎，縱使客觀上高等法院絕不可能在短短兩天內，並未親自審理當事人的情形下消化理解案卷。但是，這確是我們經常遭遇的狀況，地方法院第二次的羈押庭在兩週後召開。

所幸，這一次我們不是盲目上戰場，我們已經有能力在兩週內製作完成一份含附件證物數十頁的答辯狀回應羈押庭，也許仍是瞎子摸象，但至少也是有備而來。

當天的庭訊過程已不是很重要，檢辯雙方交鋒往來後，法官略顯無奈的闡明：「本案既經高等法院發回，總不好再無保請回，是吧？」

我的心弦一緊一鬆，法官開示要聽得懂：「報告法官，被告可以交保代替羈押。」

這時只見庭下旁聽席一位貌似來自鄉間的年輕婦人怯怯舉手說：「我們有三十萬存款。」

法官一臉茫然，我也好奇不解，此人是誰？被告回頭看一眼隨即解釋：「她是我太太，從花蓮上來，她是說我們有三十萬元存款可以辦交保。」

至此，檢察官也似乎略為無言了，法官當庭裁示交保十萬元，這個案子沒有再抗告了。

後記

二〇二〇年七月十三日是值得一提的日子，陳律師眉宇間透露著歡喜走進辦公室，告知兩件訊息，一則為本件鐵道工程案，自二〇一五年五月偵辦，歷經五年的偵查與審理，地方法院終於作出無罪判決；一則是陳律師申請轉任檢察官以優秀成績錄取，我為他驚喜致賀之餘，不免閒聊幾句。

「檢察官起訴台鐵公務員的案子，你覺得冤枉嗎？」

「我覺得確實很冤枉，公務員很辛苦也很無辜。」

我饒有興味的問：「如果設身處地，你當檢察官了，本案經調查站移送，你會起訴嗎？」

陳律師當下頗踟躕了一陣，略為苦笑回應：「可能也會起訴吧！」

我再問：「現在第一審判無罪，你會上訴嗎？」

陳律師又是一陣愕然後，徐徐回答：「應該也會提上訴吧！」

「對自己誠實就不容易，可以說說看理由嗎？」

陳律師沉思一會兒回應：「檢察官與律師扮演的角色立場不同，面對的情境也不同，思維理路不一樣，只能在各自的崗位上各盡其職。」

我點點頭：「說得不錯，世間的公平正義內涵既不穩固，座標也常飄移不定，眾裡尋他千百度，也許仍是曇花一現，我們身處其境，日日面對制度結構性的不分青紅皂白，各盡本分順天之命，似乎也只是唯一的去處了。」

陳律師謙遜客氣表示感謝而後告退，我望著他離去的身影，難免懸想，又一個法律人邁向體制內的人生新境升，我們的人生經常處於階段性或者同時性發生的角色衝突割裂中，是非黑白的判斷，都只是意識流動中的表象呈現而已，而多年的律師生涯，是否提供一位未來的檢察官在就業經歷中，能有不同的啟發參考呢？思想起余光中的詩〈江湖上〉的吟唱名句：「答案啊答案，在茫茫的風裡。」

10

Chapter

不覺碧山暮

海拔三三一〇公尺的嘉明湖有外星人出沒，是山界近年流傳的物語，二〇一六年即有照片為證，巡山員拍下的照片經專家驗證，並無造假成分，照片中所謂的外星人，目視量測身高約二．五公尺，大概是因為光影的折射效果，身形呈半透明狀，可見輪廓類如中國水墨的一筆勾勒，以俐落的線條呈現了明暗間似有若無的身影，他漫步行走在湖畔陵線之間。

我每次凝視照片中的異形，總感覺一股孤寂，照片中的異形無視於眼前的遼闊蒼茫，漫漫行走於山巔草原，他似乎想要傳達某種意念，或者在尋找歸鄉的途徑？

當我凝視著檔案的影像時，助理進來通報：「實習律師來報到了。」

我從對外星人的胡思亂想中回神，想起這位實習律師頗有來歷，事務所礙於規模有限，已經很久不輕易接受實習律師，而這位新進律師，是我的論文指導教授江老師專程來電推薦，江老師在電話裡吩咐：「卜拉旺律師經歷很特殊，請貴所一定要費心，你見過面交談就能體會。」

江老師沒有說得很詳細，但老師是一向謹慎的宿儒長者，自然引起我的好奇，科法學位是指大學非法律本科系畢業考取研究所取得碩士學位，能考上律師必然天分極高，很像武俠小說的帶藝投師，自身另有專長。這位卜拉旺律師是什麼情形？

見到卜律師本人，是一位外表比實際年齡年輕很多的中年人，卜律師體格精壯，五官英俊深邃，我尤其好奇他的經歷背景，問道：「卜律師的姓氏也算少見，與早期前輩作家卜乃夫有親戚關係嗎？」

卜律師微笑：「您誤會了，我是原住民，卜拉旺是布農族的名字，我的家鄉在台東縣。」

我略為意外：「啊！失禮！我對部落文化實在少有研究。」

再仔細看了卜律師的履歷表，愈感興味十足繼續問：「你是T大物理系畢業的高材生，在科學園區電子公司從業八年，也擔任過林務局巡山員，並在我母校的科技法律研究所畢業，今年考取律師，工作經歷落差很大呀！可以聊一聊是什麼原因讓你下定決心有這些變動的？」

「不好意思，我不是法律專業科班出身，大學專業於電子物理系，畢業後進入科學園區，外界形容是賣肝賣腎工作八年，取得財務自由就辭職了。」

「只是因為工作壓力太大？」

卜律師略頓了一會兒道：「也不完全是，您相信嗎？我其實是受祖靈的召喚，我在電子公司工作的最後一年，部落的山林祖靈就經常入夢，呼喚我回歸原鄉之地。」

「懂了，所以你轉業考取巡山員。」

「是的，我覺得巡山工作既能夠回到族人社群，也能夠維持與外界社會聯繫紐帶，是呼應祖靈召喚的具體行動。」

「可是，你又斜槓到法律專業，取得科法碩士學位又考取律師，你不只是財務自由，簡直在各種專業領域也是行動自由呢！」

卜拉旺律師稍顯靦腆：「我當巡山員工作幾年，不時會接觸到山老鼠，有的錯身而過查無實據，不了了之。有時會同警員逮獲現行犯，眼看遭剖開的千年神木屍體橫陳，很心痛，同時想要弄明白法律還有沒有能夠發揮更大的作用，更有效遏阻山上的悲劇。」

我看著眼前這位年紀不算很輕的新進律師，驚訝於他的腦部迴路，顯然非我等凡夫能及，我再度確定人人不是生而平等的，這位卜律師從出生開始就已注定與絕大多數人不平等。

「那麼，江老師推薦你來本所實習，其實本所規模也不是很大，你的成績大可在台北找一流大事務所實習，江老師為什麼推薦你來本所呢？」

「我上網查過您過去經辦的案件，違反森林法的刑案頗多，台北這類案件比較少。」

我恍然開悟，其實卜拉旺律師是自主選擇事務所，他有自己特定因素的考量，我自覺可以從卜律師身上學到的東西，可能遠超過我所能傳授的，可惜我們的相處時間大概只有五個月，我好像更應該珍惜未來五個月的相處機會。

「所以，您可以接受我在貴所實習嗎？」

我啞然失笑：「你太客氣了，歡迎來本所，彼此教學相長吧。」

「感謝，以後我要稱您老師了。」

「噢，絕不敢當，我不做老師已經很久了，你帶姓稱我律師就可以，為了方便事務所同事，也可以簡稱你卜律師？」

卜律師欣然應允。送出卜律師，我回頭又看了一眼電腦檔案的外星人照片，感覺冥冥中似乎自有巧合安排。

兩週後，卜律師為我簡報一件交辦研究的違反森林法案件。

「當事人是一位從事木雕的藝術家，人稱高老師，住南投縣水里鄉，他與山老鼠明顯有往來，涉嫌重大，他私人產權所有的山林地在濁水溪上游，現場查獲漂流木、扁柏、紅檜，還有幾位在押共犯，應該是在盜伐現場查獲的現行犯。」

對於新進學習律師，一般是交付簡易性質的案件，作為練手的材料，但是卜律師上手接觸的案件並不輕鬆，被告人數眾多，卷宗沉重，對實習律師是一種考驗，我不敢抱太大希望的徵詢：「所以，這個案件我們的當事人有希望翻盤？還是索性認罪協商？」

「這個案件分兩個區塊，一部分是在被告自家林地查獲的漂流木，一部分是與盜採林木共同被告的資金往來，前者起訴依據是林務局一紙公文，公文記載被告的自有山林地雖在濁水溪上游的河床地岸邊，但自有林地與濁水溪河床，高低落差超過二、三十公尺左右，研判不可能有漂流木自然漂流到被告土地範圍。而被告之間有資金往來，檢察官認為是僱傭的薪水，被告則辯稱是借貸往來，以盜伐的紅檜、扁柏，作擔保質押。」

卜律師的簡報整理精簡明晰，一件涉及被告九人，案卷的繁帙森林法案，立刻有了清晰的眉目，法律的訴訟策略為何？

「如前所述，前段林務局的公文應該屬於非例行性文書，屬傳聞證據，應該沒有證據能力。後段究竟是盜採共犯還是收受贓物，只能憑審理庭的交互詰問放手一搏了。」

卜律師寥寥數語，已為案情結構完成定調，但我仍覺得意猶未盡：「林務局那份公文內容，好像也有些不合常理之處？」

「您也注意到了，公文表述被告的溪邊林地與濁水溪河床落差達二、三十公尺，並沒有任何測量數據，以我的生活經驗，也覺得有疑義，可以要求法官現場履勘。」

「我們要主動聲請調查證據，請法官履勘現場？」

這回卜律師一時頓住，他略顯不解：

「履勘現場，不是追查真相的最好方法嗎？」

「但是我們是被告辯護人，對於林務局的公文，我方已經主張沒有證據能力，如果要作為對被告不利的證據，必須再由檢方舉證，如果檢方不聲請履勘，法院也無意主動依職權調查，被告何必自找麻煩，難道我方要越俎代庖取代檢方角色？」

卜律師當下略為恍然：「實務上法庭的攻防思考，果然不是坐在書桌想像而來的。」

溪邊林地的漂流木暫告一段落，交互詰問的重點為何呢？這必須約當事人共同討論，一週後我與高先生、卜律師三方會談。仍然由卜律師先做開案簡報：「我方當事人因為不是現行犯，沒有被羈押，而在押禁見的被告都是盜伐林木下山途中人贓俱獲，領隊被告姓黃，他說高先生有提供給他們一份漂流木證明書，而且彼此有資金往來，檢方憑此認定高先生與在押被告是共同正犯關係。」

我早已經閱覽過偵查筆錄，覺得高老師的供述頗語焉不詳，此類案件當事人縱使在偵查中有選任辯護人，由於卷證不公開，律師功能大抵僅是陪同旁聽，發揮空間很有限，當事人表述能力更是被動而勉強，其實被起訴幾乎是定局，全賴審理庭明辨是非，律師也只有此刻有機會依據偵查全卷與當事人直面討論，掌握真正的關鍵環節。

且聽當事人如是說：「我是有提供黃某等人一份漂流木來源證明書，但那是因為我有賣一批合法肖楠木給他們，要有來源合法證明，另外黃某向我調錢周轉，也有拿一批木頭作為質押。」

「他們給你質押的木頭有合法來源嗎？」

高老師倒無意規避，坦承表示以他從事木頭交易多年經驗，當然知道木頭來源不明，是山裡盜伐的贓物。

當事人的態度很清楚，然而是否可信？起訴書記載的事實對於在押被告與高先生交付漂流木證明書的時間點沒有交代清楚，卷內筆錄也未詳細訊問，當然也有可能是檢察官根本無意理會被告的辯解，認為這是明顯的卸責之詞，無庸細究，不足採信，全案事證已明確。

關鍵在於被告等人互動行為的時間點，在押被告當庭會如何陳述？我看到警訊筆錄中，共同被告黃某有一段陳述：「高老師本人借錢的利息不低，但是我們的木頭賣給他，價位卻很低，根本是吸血鬼。」看起來頗觸目驚心，這是一位敵性證人。我出示筆錄給高老師，要他有心理準備。

高老師看到這一段，只能報以苦笑表示：「我從事木頭雕刻，經常需要木頭來源，也從事一些木頭交易，同業之間會彼此流通可造之材，這些被告需要資金，我會先借給他們，這是民間借貸，不可能是銀行利息，但也絕對不是重利。」

我與高老師是舊識，他的個性其實樸質，有著藝術家不拘一格的氣質，然而靠山吃山、靠水吃水，終究還是捲入了法網。

卜律師提醒詰問的關節點，上山伐木的時間點在當年六月，如果借貸資金交付漂流木來源證明，都在六月前就很不妙，高老師則一再辯解是七月以後的事，並且提出三份借據，在偵查卷中並沒有扣案附卷。

律師進入交互詰問的場域，頗類似古羅馬競技場，敵性證人猶如猛獸，多數時刻受檢方驅使，法官高座審判席，也很像羅馬皇帝觀賞競技搏鬥，只是觀眾席不得喧嘩，生死剎那由法官作最終判斷，當然法官並不會以拇指作出上或下的生死裁決。但是會在詰問過程中主動或被動引導詰問的風向。

法庭中的詰問過程，往往是在一團亂麻中理出頭緒，本案預計要傳喚兩位在押被告，以證人身分作詰問，詰問程序歷經了大半日，是這樣開始的：

辯護人：請問黃先生認識在座的共同被告高先生？

證　人：是。

辯護人：你曾經跟高先生有借貸與交易關係？

證　人：是。

辯護人：你曾經在警訊中表示高某是吸血鬼？

證　人：是。他收的利息很高，卻賤價買我的木頭。

（卜律師曾經在製作設定詰問時，提出質疑，開頭的問題對被告並非有利啊！我告訴他這顯已無法迴避，不如乾脆先讓法官理解這是我方敵性證人。他的證詞如果對我方不利，則本就可以理解，如果對我方有利，則更會加強供證可信度。我們要在起手式設定停損點防線。接下來，我要建立被告高老師並無參與盜採集團的時間節點。）

辯護人：請鈞院提示借據，七月十五日、七月二十五日、七月二十七日三張借據，請問你跟高先生借錢的時間是何時，是否在七月？

證　人：對。

辯護人：你跟高先生分別在這三天借錢，有無提供什麼做擔保？

證　人：木頭做擔保。

辯護人：就是你在借據上寫的擔保物任憑債權人處置，是不是？

證　人：對。

辯護人：你有無告訴高先生在七月跟他借錢的時候，這些擔保品木頭的來源？

證　人：沒有。

辯護人：請鈞院提示偵查卷經濟部水利署第八河川局所開立的文件漂流木來源證明，你是哪裡來的？

證　人：這些文件本來不是我的。

辯護人：不是你的？

證　人：我們當初有跟高先生買一批肖楠的木頭，這個文件是同案被告莊某跟我去向高先生拿的。

辯護人：就是高先生交給你們的？

證　人：對。

辯護人：高先生交給你這份文件作何用途？

證　人：就是購買肖楠木頭來源合法的證明。

辯護人：高先生出示這些證明給你，是在方才提示給你看的月份你跟他借錢，還是借錢之後？

證　人：借錢之前。

辯護人：借錢之前，你還記得大概是何時拿到這張文件的？

證　人：時間很近，應該是在七月初。

（詰問至此，略吁一口氣，我以提示借據喚起證人的時間記憶連結，得到了預期的答案證詞，我要再乘勝追擊。）

辯護人：起訴書犯罪事實裡面記載你跟莊某分別有三次盜木的時間，分別是五月、六月八日、六月十五日，你這三次盜木的時間，在盜採木頭的過程裡，高先生跟你們有沒有共同聯絡或行為分擔？

證　人：沒有。

辯護人：所以起訴書裡面的五月中旬、六月八日、六月十五日這三次的盜採木頭，你們完全沒有跟高先生有任何的合作關係？

證　人：沒有，他只有七月純幫忙借我錢。

（主詰問完畢，證人交給檢察官，檢察官當然也覺察到這番證詞破壞了起訴結構，劈頭就要拉回預設的立場。）

檢察官：依據起訴書所載犯罪事實，六月八日跟六月十五日你就跟高先生合作，而一〇三年五月時是跟誰合作？

辯護人：異議。檢察官說六月八日跟六月十五日，是跟高先生合作，前提基礎並不存在，因為剛才我們問過證人，證人也講過五、六月的事情跟高先生沒有關係。

檢察官：我講的問題是六月八日跟六月十五日是證人說他跟高先生合作，我現在問他五月份是跟誰合作，辯護人要異議什麼？

辯護人：前提不存在，證人何時講說六月八日跟六月十五日有跟高某合作？

審判長此時介入處理：檢察官的問題是單純問證人一〇三年五月份是跟誰合作？

檢察官：是。

辯護人：但檢察官前面設置的前提是不存在的。

審判長：檢察官是否要修正前面的前提？

檢察官：我不需要修正，我為什麼要修正，我是反詰問，不能誘導嗎？

辯護人：當然不可以誘導，縱使是反詰問也要在必要時才可以誘導，檢察官既然都已經承認這是誘導，這個是沒有前提的誘導。

審判長略顯無奈：檢察官的問題是否是針對一〇三年五月份是跟何人合作，這部分來詢問證人？

檢察官：是。

辯護人：如果檢察官修改問題把前面六月八日跟六月十五日剔除掉，只問五月份，我們沒有意見。

檢察官：六月八日跟六月十五日跟高先生合作是方才證人有回答。

辯護人：那就請調音檔，我沒有聽到這個，剛剛好相反，我聽到是證人講他在五月到六月完全沒有跟高先生合作過，所以檢察官的前提是不存在的，如果有必要我們就現在調音檔來聽。

（這個時刻若稍退一步，前面建置的事實基礎可能崩盤，檢方步步緊追，我只能一步不讓。）

檢察官：是不是存在是由審判長來認定，而不是證人說什麼就是什麼，證人現在如何說都由證人自主回答。

審判長作出公正裁示：檢察官方才問的前提，好像剛剛證人沒有回答過這個，現在檢察官的問題是單純針對一〇三年五月份的時間詢問證人，證人僅就此部分回答，至於說一〇三年六月八日或六月十五日是否有跟高先生合作的部分，不在現在檢察官的問題裡面，如果等一下檢察官有就此部分詢問的話，我們再另外就此部分來做處理，現在先請證人就一〇三年五月份究竟是跟誰合作。

證　人：五月份的時候，沒有跟任何人合作，我只在五月跟越南人留一批木頭，再另外轉賣同案被告莊某。

（第二輪詰問證人共同被告姓莊，檢察官先旁敲側擊。）

檢察官：你從共同被告那裡已經看到筆錄，你知道有些日期記錯了，是不是？

證　人：對。

檢察官：如果同案被告在六月一日之前，都還有租車的話，你是否就承認六月一日之前也有犯案？

證　人：這個我就不承認，因為我們之前總共就上山三次，一次他們上去之後，我在山下等到十一點半，就說要撤，說沒有找到要的樹木，沒有去做我們就回去了。

檢察官：所以你是看了其他的筆錄之後，想確定說莊某合作的時間，到底哪幾天，你已經很確定了，是不是？

證　人：對。

檢察官：所以高先生是否在五月份就開始收贓了？

辯護人：異議。檢察官這部分我們認為是誘導詢問，沒有前提基礎事實，檢察官剛才直接問說高先生在五月份就開始收贓，這個沒有前提基礎事實。

檢察官：在詰問的部分，為喚起證人記憶是允許誘導詰問的，辯護人是一直在暗示證人不要做回答。

審判長：就這部分有無前提的事實？

檢察官：此部分是從其他共同被告的證述，都可以清楚的知道他們是五月開始就有盜伐的工作，甚至在偵訊筆錄都記載得非常清楚，檢察官也是依據這些證據來做起訴的。

審判長：請檢察官提示此部分的證據，讓證人就此部分表示意見。

檢察官：請鈞院提示一〇四年二月二日偵訊筆錄第二頁，倒數第三個問題，檢察官問另一位共同被告說你們跟莊某是從一〇三年五月就開始合作，他回答對，你跟這位被告有無糾紛或過節？

證　人：五月的時候開始合作，是他之前有介紹的另外一個老闆。

檢察官：另外哪個老闆？

證　人：一個在賣火鍋料的老闆說南投那邊有木頭，他要叫我幫他找越南人帶隊上去，結果他欠了我們五萬元的薪水，沒有給越南人。

檢察官：你的意思五月份跟你合作的是另有其人，但是這個跟莊某沒有關係？

證　人：沒有關係。

檢察官：高先生是否曾親自把撿拾證明的影本交給你？

證　人：對。

檢察官：那是幾月份的事情？是否是五月份？

辯護人：異議，證人方才在我們主詰問時，已經問過了，證人也講大概是七月初的時候，所以檢察官是不斷要把這個事實拉到五月份去。

審判長：就辯護人的異議有何意見？

檢察官：我做詰問時，要喚醒證人記憶，本來就可以做誘導的詰問，每一次我在做誘導的時候，律師都在異議，但是方才他的七月份部分證詞本來就是誘導，我都沒有異議他了，他這樣子做是妨礙法院訴訟進行，是否請審判長諭知一下，他不能夠再這樣異議。

辯護人：第一，如果檢察官認為我主詰問的時候有誘導，那檢察官要異議，檢察官沒有異議，即使有誘導也已經合法。第二，檢察官主張誘導詰問是為了喚起證人記憶，但刑事訴訟法第一六六條之一規定所謂喚起證人記憶的前提是證人記憶不清事項，本案沒有證人記憶不清的陳述。第三，檢察官一再說他是反詰問，但是刑事訴訟法第一六六條之二不是這樣規定的，刑事訴訟法第一六六條之二是說行反詰問時，為必要時得誘導訊問，所以檢察官似乎是把反詰問可以誘導訊問當作是天經地義的事情。如果說檢察官要做這樣的誘導的話，我們當然會異議，提出異議以後，應該是檢察官對他有必要做這樣的誘導訊問，提出說明才對，鈞院可以再裁示說現在的誘導訊問，有無必要性，如果有必要性，才能准你誘導，程序是這樣走的。只要檢察官有誘導訊問，我認為是不合法的不當詰問，當然會異議，至於檢察官主詰問的時候，同樣有誘導訊問的話，我還是會異議。

檢察官：並不是說方才證人說七月就是事實，之後他就認為這個事實就是七月份，在這個部分跟我要問出事實的真相，必須要用詰問技巧來訊問的時候，不是證人方才說過的話就算數，跟這個證人說過有所出入的事情，都可以詰問。

審判長：證人方才講的話跟原來檢察官起訴書的內容是有不一樣的地方，所以檢察官的誘導是合法的，請證人回答這個問題，檢察官問你方才講到漂流木的拾獲證明，他交給你是在幾月份，是否是在還未盜採的五月份就交給你的？

證　人：我真的都忘記了。

（審判長的裁示合理嗎？依刑事訴訟法第一六七條之六規定，不得聲明不服，我只能認分，只能祈禱我前面的異議已經發生化學作用。）

檢察官：他給你漂流木撿拾證明時，你們是否開始盜採了？
證　人：已經開始盜採了。
檢察官：盜採幾次了？
證　人：我們合作兩次而已。
檢察官：是在第一次還是第二次？
證　人：我真的不知道，我真的不記得。
檢察官：我問你的意思是說五月份你與黃某在討論上山盜林的時候，就已經講到可能要用撿拾證明？
證　人：對。
檢察官：而且你也已經清楚的告訴高先生，高先生有回答你？
證　人：沒有，我只是問黃某。
檢察官：是否當時就有把撿拾證明交給你？
證　人：那是改天，不是當天。剛才檢察官問的是說黃某到底有無跟高先生講，是後來去高先生的藝品工廠，我才當他們的面問黃某說他有無跟高董索取漂流木證明，他說不然晚一點拿給你，不是同一天。

檢察官：差幾天？

證　人：我忘記了，也是短時間內。

檢察官：所以你們在講的時候是五月份就對了，短時間高先生就把撿拾證明交給你了，是否如此？

證　人：就那天他交給我，確實日子我也忘記了。

檢察官：跟五月份在講的時候，有無差一個月？六月八日要盜採了，你還沒有漂流木證明，你敢盜採？

證　人：我們當時還沒有跟高老師買東西。

檢察官：你六月份要盜採的事情，事前五月你就講了好幾次了，你容許說之後到六月八日、六月十五日盜採完，你還沒拿到漂流木證明，有可能嗎？法官會相信嗎？

（我認為檢察官的詰問已經失去章法，現場氣氛可以放手了，證人也不耐煩了。）

證　人：時間已經過一年了，到底是哪一天，我是真的忘記了。

檢察官：你現在不好意思講就對了？

證　人：我不是不好意思講，不然我哪需要說我有去跟他拿漂流木證明。

檢察官：那是差多久，差幾天還是差十幾天，還是一個月？

證　人：我是真的忘記了。

辯護人異議：我們認為證人已經多次回答檢察官。檢察官不斷做重複詰問，只是為了想要一個他預期的答案。

審判長：就辯護人的異議有何意見？

檢察官：證人已經回答完了。

交互詰問大概告一段落，剩下只是清理戰場，我們尊敬當代法庭活動的辯證洗禮，它畢竟是文明的儀式，縱使真理未能完全顯現，但仍然能夠在相對程度上靄靄放光，法官扮演上帝的角色，我們都想要更接近上帝一步。

五個月期滿，卜律師前來告辭學習律師生涯：「很有幸蒙您收容學習，真正獲益良多。」

「太客氣了，其實真是教學相長，請恕我略探隱私，你的經歷頗為特殊，如果真入行做律師，會勝過許多科班出身法律人，但我覺得你不像要以此為業的樣子。」

卜律師灑脫微笑道：「您真是慧眼，如果論現實金錢，我其實不需要為了賺錢學法律，我是想對於都會現代人的制度文明價值觀，作第一手深入的瞭解。並且細細體會所謂資本主義現代文明與原住民的山林思維落差為何？」

聽到這裡，我忍不住打斷他的話語：「可以具體說說看，你體會的兩者落差為何？」

卜律師略為沉吟：「比如您經辦的高老師違反森林法案，在原住民的思考是單純素樸的，如果盜採是犯罪，也許不會區分上山伐木的盜採者與收受贓物者的犯行輕重，因為他們都是產業鏈的一環，甚至如果沒有市場的惡性需求，根本不會有人要冒險上山以身試法。而法律制度規範的思維是細緻切割再放大，表面上似乎是科學的分析，因此收贓與盜採者的刑責有相當的輕重之別，但從另一種角度看，是否也是司法的天秤向擁有資本的一方傾斜，對冒險出賣勞力的一方更嚴苛？」

我當下無言以對，我們習慣於接受制度加諸的框架，在框架的價值設定內，自以為悠遊自如，多已遺忘而不知道框架外還有渾然天成的空氣。

我已經沒有能力與卜律師辯證評價他的觀點，只得另起話題：「那麼你的生涯規劃是什麼呢？」

卜律師眼神一閃晶亮光輝：「我真正的規劃是回到部落族群，開設一個私人書院，教育部落的青年，有朝一日，這些青年終將接受都會文明的洗禮，因為政府提供的制式教育，所呈現的意識思維仍然是非常有侷限性的。」

山林中原住民青年的私人書院？這讓我肅然起敬了，覺得無限可能在眼前開展，而我何其有幸遇到這樣一位「學習律師」。

卜律師最後提出邀請：「如果您有興趣，我希望有幸能做嚮導，與您一同拜訪天使的眼淚——嘉明湖。」

「你是說那個曾有外星人出現的嘉明湖？」

卜律師稍壓低音量：「您也看過那張照片？那張照片其實是我拍到，並交給巡山同事對外公開的。」

我愈感訝異好奇：「真是你的第三類接觸？」

卜律師稍陷沉思：「我不認為是外星人，我感覺那是祖靈對我的召喚，召喚我回到部落、回歸山林，我的都會文明流浪應該就此告一段落，我缺氧很久了。」

為卜律師送行辭別後，我開始著手規劃嘉明湖行程，我也深深感受自己缺氧很久了。

11

Chapter

豪宅買賣啟示錄

十月入秋，行車於寬達百米的市政大道上，摩天帷幕大廈聳立羅列於兩側，行道間隔種植的欒樹正值花期盛開轉紅，入目繁華似錦。我應當事人召喚前往豐華辦公大樓開會，總是驚嘆於眼前的類曼哈頓景觀，也不過是近十年的發展成果，市政重劃區簡直翻天覆地的變化，也預示了未來五至十年新市政中心更宏偉的城市風貌。

當事人是台中市重量級建設公司，我進入會議室時，董事長、總經理、銷售經理均已就座，先由總經理說明案情：「公司之前已請律師寄發催告存證信函通知客戶支付尾款以及辦理貸款對保，客戶的回應本公司無法接受，律師已經再發函表達解除契約，並且沒收已繳價金，前天收到對方的起訴狀。」

這件購屋糾紛，我們已經追蹤了約半年，其間公司銷售經理一直在協調中，客戶初期的態度很硬，主張公司因為建坪增加要補差額售價不合理。但這是預售屋，合約已載明未來可能因公司變更設計導致增加建坪，客戶就要補支付差額款，客戶因此拒絕辦理後續銀行貸款對保手續，形成僵局，銷售經理也是公司的法務長，無奈寫在臉上：「報告我們私下與客戶溝通的現況，在公司寄發解約存函以後，客戶已軟化，表示願意依照公司的意思付清自備款，配合辦理銀行對保程序。」

我不禁詫異：「如果客戶接受了公司的條件，是否可以善了？不用對簿公堂？客戶總是消費者，公司不是應該以順銷為優先考量？」

董事長淡定微笑，示意仍由總經理傳達：「這位客戶是大買家，台北、台中都有不動產買賣置產，但是過去在台中的社區就聽說他與鄰居管委會互動不良，口碑在外。公司與他交涉過程中，覺得與其接受這位客戶進住社區，未來仍然可能會有紛爭，長痛不如短痛，趁此時與他了結，可以避免將來困擾。」

我有些不敢相信自己的耳朵，雖然一向知道公司有篩選客戶的考量，但篩選如此嚴謹，卻是首次親身經歷。這可是動輒上億的豪宅，市場上客戶量體應該相對稀有，公司也有餘屋，從洽談、簽約、交涉過程繁複，終於可以達成共識。誰想千辛萬苦所完成的交易，竟然寧可犧牲不賣了，只能說我自己目光短淺。

再低頭瀏覽一遍對方的起訴書狀，聲明主張我方依約辦理移轉登記給付房屋，原告為同時履約給付價金，當然主張我方的解約不生效力。

董事長在等待我的專業分析，標的很大，情況也頗特殊，不能把話說死，要把難處講在前頭：「我方催告後解約的意見表示已經完備，理論上解約合法。但是當初買方是因為公司變更設計導致坪數有追加款產生意見歧異，這份預售合約就變更設計部分的文字，與內政部製頒預售屋契約範本不完全相符，對方必然以此作文章，而且法官習慣同情消費者是弱勢，現在客戶又已經完全同意公司的條件，比較擔心法官會在情理上偏向對方。」

董事長聽完簡報，點點頭發話：「公司決策已定，就請律師費心了。」

我只得銜命回事務所，當下召開了一場律師會議，對於有特殊法律疑義的案件，我會聆聽律師的各種意見，預判分析可能的攻防主張，評估未來的訴訟策略，類似一場小型的模擬法庭。

徐律師代表對造先發言：「預售屋出售契約是定型化附合契約，內政部有參考範本，建設公司的契約條款，沒有完全依照範本，公司增加的條款對購屋者顯失公平，依民法第二四七條之一規定，應該是無效條款，購屋方因此拒絕後續給付尾款以及拒絕配合貸款對保，有正當理由，建設公司片面解除契約欠缺合法正當性。」

黃律師進而補強：「買方目前態度已經完全退讓接受公司條件，願意依約給付公司要求增加建坪的尾款，建設公司仍然不予理會，情理上也太強勢，可能有誠信原則的疑慮。」

我方要害，言盡於斯，我方答辯又如何呈現？我側望負責承辦的張律師。

張律師是事務所資深律師，心思一向細密，但是本案的重點更在於視野的高度，張律師稍頓一會兒，隨即表示：「定型化附合契約條款規範的對象是交易地位的不平等，因此解釋民法第二四七條之一規定，應該考慮立法解釋目的性的限縮。然後回到契約規範應予嚴守的原則，作為主張基礎。」

張律師言簡意賅的定調了訴訟方向，事務所著手準備答辯書狀，訴訟在兩個月後進入開庭程序。

對造訴訟代理人姜律師是資深律師，法理掌握熟練明晰，雙方書狀攻防也大致不出預測的範圍，審判長的心證應停留在兩可之間，只是言詞辯論庭的現實情況總是可能出乎意料之外。

當天開庭時原告客戶親自到場，並且辦理報到坐鎮在姜律師席旁，法官諭知原告姜律師先陳述原告辯論意旨：

「預售屋合約是定型化契約，為了保護弱勢消費者，內政部製作預售屋契約範本，該範本為業界與消費者簽約的重要依據，依照消費者保護法規定，違反範本內容可以處罰鍰，本件雙方的買賣契約，沒有遵照該範本製作，而是以特別條款做額外規定，要求消費者對未來不確定的『建坪增加狀態要補充給付價款』，這既違反消保法精神，也不符內政部製頒的範本，應屬無效條款，甚至我方當事人私下也已同意增加給付差額價款，被告建商仍然不同意，完全違反誠信原則。」

姜律師一輪連珠炮放完，略停一口氣，繼續進擊：「其實建設公司一定要解約，是因為最近市場恢復景氣，房價大漲，他們認為預售價格賣得太便宜，不想賣了，藉口收回，再增加價格高價出售。」

果然攻勢凌厲，難以招架，連法官都顯得無法理解，對我抱怨：「大律師，原告都願意補差價了，公司何必咬住房屋不放？」氣氛對我很不利。

我有些硬著頭皮，勉力發話：「雙方已在買賣契約上記載的特約條款簽字，內政部製頒的範本並沒有禁止記載特約條款的約束，這個部分應該回歸契約自由精神，屬於交易維持彈性空間的範疇，而且也應該是契約應予遵守的基本誠信，被告公司在擬製契約時已經告知買方，未來建築執照可能變更，增加合法公設的建坪，施作位置是頂樓的「Sky Lounge」空中休閒交誼室，買方充分知悉，但事後仍不認帳，被告經過多次發函催告履約不獲置理，才予解約，完全合法，公司政策要顧慮每一位客戶的交易穩定性，若可以任由客戶翻覆主張，將無法維持市場安定，更何況原告買方購買的是億元起跳的豪宅，對市場的認知判斷，相對於被告，並不是弱勢的消費者。」

我也喘了口氣，繼續表示：「至於姜大律師主張的市場價格，絕對不在被告考量範圍，市場價格或有起伏，但是這種億元起跳的豪宅，跳脫一般市場，誰也不知道下個買方在哪裡。」

法官有些無奈，曉諭原告當事人：「本件原告本人有到場，是否要表示意見？」

不知道是我的發言牽引了原告當事人心中最強硬的一塊，還是當事人本就有備而來，更要一顯身手，只見當事人緩緩起身，氣場強大籠罩了法庭，完全董事長氣質：

「報告法官，我不是購屋菜鳥，我公司事業多在海外，但也同時從事不動產豪宅投資，台北的帝寶、敦南等等，我都有置產買賣，建設公司看太多了，從來沒有見到台中市這種建商，如此不尊重購屋消費者，我現在已經讓步，他們還不同意，法官甚至可以幫我打聽一下，台北的大建商可能都知道我，我哪有差一間房子，我是要爭求一口氣，要討一個公道，法院不能讓建設公司太惡霸。」

原告一番慷慨陳詞，很有震撼力，法庭一時靜默無聲，法官似笑非笑，姜律師的表情陰晴不定，幾度欲言又止，最後似乎陷入一種無奈的頽然。

我曾不時在事務所律師會議中提到一個觀點：刑事重辯論，民事重書狀。刑事案件的辯論庭涉及被告涉嫌犯案的事實細節、動機背景、手段態樣等等，必須以相當的言詞辯論強度，傳達給法官，當然也要講給當事人聽，讓當事人充分真切感受律師費付得有道理。

民事案件則是法律關係構成要件的運用，法官可以從書狀交換中，直接評價法律主張的正確與否，言詞辯論往往聊備一格，通常當事人本人不用到庭，律師甚至不希望當事人到庭，因為當事人通常不能掌握民事專業的要素，如果任由當事人自由發揮，大有可能弄巧成拙。

一個月後，收到了法院的判決書，判決理由載明：

「系爭標的價額為一億兩千萬元，買方具有相當資力，更且社會經驗、智識均顯然遠高於一般消費者購物水準，對於預售屋買賣契約簽註之特約條款，亦應能有充分認知，與被告建商之間買賣為平等理性的交易行為，並無從類比弱勢消費者與強勢建商間關係，從而依據契約條款應予嚴格遵守精神，自不得主張特約條款為定型化契約之不公平條款，進而認定特約條款無效之主張，原告之請求應認無理由。」

案件確定告一段落後，我再度赴當事人公司述職，我評估這個案件還有一個收尾未解決，買方已繳自備款達四千萬元，如果依照確定判決的理由邏輯，大有可能全額沒收，對方縱使主張違約金過高酌減，也未必有勝算，我是否還有一件違約金返還案待處理？

在董事長辦公室入座後，董事長先是表達訴訟順利落幕感謝之意，並就買方已支付四千萬價金的法律關係諮詢我的意見，我答：「法院實務大概分三個層次，第一，原則上當事人約定的違約金應該要遵守；第二，違約金約定過高，法院可以職權酌減，酌減範圍以內政部所頒定預售屋買賣範本條款規定總價金百分之十五是參考指標，也就是一千八百萬元在沒收範圍，超過部分二千二百萬元返還客戶買方；第三，本件依全案判決的理由，法院仍然可能回歸契約嚴守原則解釋，遵重契約精神，全額由我方沒收。」

董事長與總經理互看一眼，仍由總經理表達公司決定：

「您的分析與法務長看法差不多，也就是公司應該至少可以沒收一千八百萬元；公司已立於不敗之地。但是董事長思考再三，認為不需要造成客戶太大損失，公司斟酌處理事件善後的成本耗費，只打算沒收客戶已付價金的二百萬元。其餘三千八百萬元全數退還客戶。」

公司的態度再令我暗暗咋舌，退還三千八百萬元不是一筆小數目，公司真的可以不用退這麼多。我若自認是貧窮限制了想像空間，也許未免太矯情，只能自我汗顏實業家思維的格局氣度，不是小律師的雞腸鳥肚可以吞吐的。

公司法務長傳達：「麻煩您與對方姜律師溝通轉達公司善意，如果姜律師可以確認當事人接受，請兩位律師安排退款方式，畢竟訟則終凶，買賣不成仁義在。」

我在回程路途上咀嚼法務長的話語：「買賣不成仁義在。」這句話在現實商場上幾乎已近絕跡了，台中曾在一九九九年歷經九二一大地震，建商破產倒閉者十之八九，災後倖存的建商是從廢墟中勉強爬出來，卻又再度經歷三年後的SARS病毒大疫情，不動產大蕭條了五年之久，這家建設公司能夠存活下來，近幾年更成為豪宅的推手，成功的因素顯然不只是會蓋房子。

12

Chapter

宮廷緋絲流浪記

中華絲織繡品是重要文化藝術遺產，類別可分為民間刺繡與宮廷緙絲兩大分流。吾人一般熟知的蘇、湘、蜀、粵四大繡系是民間刺繡，以觀賞性為主，絲面光華閃耀、細膩如水。蘇州市姑蘇區拙政園附近齊門路與臨頓路口有一家藝品店，我曾經友人介紹，特別由店家趙老闆親自招待登二樓觀覽鎮店之寶，是一幅卷軸刺繡，名為「姑蘇繁華圖」。記得縱長約四十公分，橫寬約達十餘公尺許，繡中人物約二千人，山水、宮廷、市集、樓台，纖毫畢見，嘆為觀止，斗膽探問價格，人民幣二百萬元，確實價有所值，我等升斗之民只能純欣賞大飽眼福，走下一樓買一柄手繪之書畫扇面，人民幣三百元，亦風雅有餘。對店家不吝賜覽，誠為銘感。

緙絲工藝早在西元前一六八年西漢長沙的馬王堆漢墓中已有出土，唐宋時期工藝成熟，多出自皇家宮廷或官宦之家，製作方式無底料，工具不是針，而是以舟形小梭，一梭一梭穿織而成，所謂日月如梭，此之謂也。圖面如雕琢縷刻，工藝程序比刺繡更複雜，常用於龍袍、唐卡等製作，由於技法繁複耗工，用料精貴，有「一寸緙絲一寸金」的說法。

我與緙絲結緣是因為事務所的顧問客戶關董事長，我曾經前往拜訪他的辦公室，琳瑯滿目的陶瓷書畫，據說都是價值連城的古董，我一眼瞄過懸掛中堂的立軸奔馬圖，不禁脫口而出：「這可是徐悲鴻的真跡？」

關董頗為開懷：「律師眼神真利索。」

我心中暗道：「僥倖，隨口一說而已，我哪裡懂徐悲鴻。」

再度拜訪董事長的辦公室，董事長展示了一件緙絲藝品，口氣慨然：「您可知道我是滿族出身？祖上瓜爾佳氏，正紅旗。」

「細節不清楚，但您是滿族胄裔出身，言談貴質外溢，約莫可以看得出來。」

「就是這個出身遮了我的眼睛，半年前閒逛古今大觀堂，店家王老闆出示了這件緙絲藝品，說是清宮廷緙絲正紅旗旗幟，是故宮流出文物，存世稀有，我當時一見心口發熱，覺得祖上之物不容流失外地，以底價一口氣八十萬元買下，當時身上沒有相當現金，開立一張同額支票，算銀貨兩訖。」

「哦，我聽說古董會認主人，舊物歷劫而歸主王孫，也是一段佳話，要恭喜董事長。」

不料董事長卻搖頭嘆口氣：「這件緙絲旗走了眼，是生意貨，我做了棒槌成了行家笑柄，我在前兩個月將相關收藏與同好間辦了一次會展，有業內緙絲行家鑑賞掌眼，當面不好說，私下悄悄告知這件物品『不對』。」

我知道古董文物業界的這句行話，對或不對，是否到代，都是鑑識文物真品贗品一字定錘的評價。

關董接著拿出法院民事傳票：「賣方大觀堂告上法院，你看該怎麼辦？」

審視了傳票、起訴狀，對方主張關董拒不兌現支票，請求給付票款，我注意到原告仍是古今大觀堂公司，也就是支票並沒有背書轉讓，暗自鬆了口氣，這個案子也許有解。

再問董事長：「您收了這件緙絲旗，對方有提供什麼文件資料作憑據嗎？」

董事長想起來，找出一張翻拍影印件的說明書，在緙絲紅旗照片上標示品項：「清宮廷緙絲正紅旗旗幟；尺寸85×121cm，起標價八十萬元」云云。

我心中稍覺篤定：「原則上，支票發票人要負責兌現支票，這是發票人責任，更何況買賣標的物也已經交付了。問題在於對方交付的標的物是否符合出賣人擔保的品質內容，這方面我不懂，要請法院做專家鑑定，鑑定結果可能一翻兩瞪眼，您是否考慮和解方案，減價收受？或者再跟對方談一談退貨，給付對方少部分價金？」

關董想了想：「東西不對，在我就毫無價值，對方是詭詐，我決心打官司。」

訴請給付票款，在民事案件中算是簡易案件，發票人對支票文義負責，為至明之理，如果支票再經背書正當轉讓，由於支票無因性法理，則幾無抗辯空間。所幸本件原告以原始持票人身分起訴，我方能夠以雙方交易原因關係作惡意抗辯。

可以想見，訴訟中原告當然主張這是現貨交易，買方自己是行家，否認有對標的物作出任何多餘保證，被告雖然有提出一張經翻拍影印的說明書，但尚不足以證明是原告提供的證明文件。

原告果然當庭否認文書形式真正，在訴訟上站得住腳，這是第一道關卡。

我方提出說明書時，對方膝蓋式反應就是必然否認文書形式真實性，進入訴訟前就應該預料有此一招，倘若沒有應對準備，則不用專家鑑定文物真偽，全案就勝負已定。當然在進入法庭之前，就要與當事人就此深入討論。

關董事長一時弄不清楚狀況：「這件緙絲旗的說明書是古今大觀堂提供的，他怎會否認是假的？」

當下與當事人議論說明法律細節，有時是浪費口水，我嘗試切入主題：「您想想，和大觀堂只做過這一件交易？」

「當然不只，大觀堂在業界也算小有名氣，同時往來的交易不少，我大概進手三件，也有東西讓大觀堂寄賣過。」

「以往交易進手過程，大觀堂有出具什麼文件證明？」

「跟這件緙絲一樣形式的說明書。」

「好，我們需要這樣的說明書。」

「當然沒問題，我一會兒給你。」

「在同好古玩朋友中，您還可以多問幾個朋友，提供同款形式的說明書嗎？」

「應該可以，我再蒐集幾張。」

我覺得已有斬獲，再探問請當事人試想大觀堂除了老闆，還有什麼重要員工？

董事長略做思索：「他們店裡之前有一位吳總監，人很實在，算懂文物的行家，業內戲稱吳朝奉。」

這位吳朝奉敵我不明，但我別無選擇，只能走一遭險棋，我請當事人提供姓名、住址，我要聲請法院傳喚吳朝奉作證。

現行民事訴訟詢問證人的程序，並沒有兩造交互詰問證人的遊戲規則，全由審判法官主導詢問程序，通常情形由法官直接詢問證人，再由雙方視情況作補充詢問，而證人是我方聲請，循例我方應先將待證事實及待問題目呈給法官參考。

再次進入法庭，完成證人具結程序，法官對證人吳朝奉的詢問如是展開。

法官：「請問吳先生現任職何處？擔任何職位？」

證人：「古今大觀堂公司藝術總監。」

法官：「工作性質內容是什麼？」

證人：「相當於文物鑑定顧問工作，公司進出文物大概都請我作確認。」

法官：「你的專業背景、學歷？」

證人：「我家三代從事當鋪業，這行業憑的是眼力、手感、經驗，並沒有正式相關學歷。」

法官諭示：「提示以下幾份證明書文件。」

書記官將四份與本案無關的文物證明書先後投影於牆面。

法官續問：「請證人看這幾位證明書影本，是否為原告公司所出具？」

證人：「是我們公司出具，其中有兩件書畫還是我經手。」

法官再諭示提示本件系爭的緙絲旗證明書，並且做幻燈投影。

法官續問：「請問這一份證明書，是否也是原告公司所出具？」

證人略微恍神遲疑：「這件交易我沒有經手。」

法官看出端倪，追問：「我沒有問你有無經手交易，只問這份證明書與前面四份證明書格式相同，是不是你們公司出具？請據實陳述，法院會深入調查。」

證人回神，只得點頭應是。

法庭氛圍不比尋常，一般人置身其中接受法官詢問，壓力在無形之中，只要詢問得法，能夠神色不變坦然作偽證的其實少之又少，我事先提供了可比對的證明書，法官以類推法循序漸進，證人若竟敢作偽證，將面臨不可測的風險，供證至此，原告無言。

案件進入第二階段，宮廷緙絲要鑑定年代、出處。雙方各自提供了不同鑑定單位，供法院參考，法院也尊重各自主張分別送鑑。

三個月後鑑定公司出具一份圖文並茂，三十餘頁的鑑定報告書，鑑定重要內容為：「鑑定標的物係屬一般彩繡，經現場放大鏡觀看，與歷年蘇富比、佳士得大型拍賣公司預展之緙絲工藝龍袍、唐卡、圖屏所應具備的主體感完全不同，顯然非緙絲工藝製作，此標的物應屬民國早期民間製作工藝品，並非清宮廷緙絲正紅旗幟真品。」

案情至此，似乎已經可以結束了，但是原告提出了一個有趣的鑑定單位，主張是真正科學鑑定，號稱：「磁共震量子文物鑑定儀」，任何文物經過該儀器鑑定，都可以測出製造年分，無所遁形。這種尖端科技我完全不懂，只能充滿敬畏，法官也尊重諭令雙方及鑑定人持儀器到律師事務所，將標的物作儀器鑑識。

鑑定專家如期蒞臨事務所，他使用一種特殊儀器做高深的磁場波共震，手持兩桿探測棒表示憑藉探測棒感應，再以儀器所顯示的電波數據，就能夠測出文物確實年代，我想起風水界有一種尋龍尺，可用為尋礦脈、找水源、測風水，是堪輿師必備工具。鑑定師使用的量子高科技好像頗類似？於是我們進入一種魔幻場景。

不久鑑定專家也提出一份報告，內容令人發噱，堪為奇文共賞，報告稱：「鑑定儀的檢測單元，能夠以其神奇的魔力進入到這個數以千百萬年計的時空隧道，並運用其所具備的量子共振的分析功能，把儲存在各種礦物原料中的磁場波全息年分能量信息剝離出來，變成代碼轉存到與檢測單元相連接的儲存單元（即量子晶片）裡；隨即檢測單元又像一把魔幻般的鑰匙打開那些後來被疊加在陶瓷器物中的磁場波信息，同時自動與儲存在『量子晶片』裡的磁場波信息進行對比。」

鑑定結論不意外：「唯一結論為此標的係屬清道光時期製作之宮廷緙絲正紅旗幟真品，評估市價超過一百萬元。」

我們輕易在網站上找到此種「高科技儀器」鑑定的評價，文章標題是：「量子文物鑑定儀器橫空出世?量子科技院士潘健偉提醒是量子科技騙局。」

此案經一審判決後，於原告上訴二審中雙方達成和解，原告返還關董事長開出的支票，宮廷緙絲正紅旗幟也完璧歸趙，交付返還古今大觀堂。想來，那件宮廷緙絲精品仍然由古今大觀堂鄭重珍藏，藏諸名山，歲月如流水，相信有一天它終會尋得識貨主人。

我相信古董界流傳的那句話：「寶物惟有緣人得之，古物會尋找自己的主人。」

13

Chapter

白色巨塔高牆外

二〇一九年六月新施行了一部病人自主權利法，事務所為了掌握新法的動態及因應，循例召開一場律師會議，由黃律師負責簡報，黃律師準備資料充分，娓娓道來，最後意味深長的結論：

「這部法律並不是安樂死法案，即使是永久植物人狀態或者處於不可逆轉的昏迷狀況，也要事先有預立醫療決定書，才能夠依第十六條作終止，撤除或不施行維持生命治療的適當處置，如果生前意識清楚時，沒有預立醫療決定，病人仍然只能躺在病床上，無助的被動接受一切常規醫療處置。」

這個法案討論過程中，現場情緒略為沉重，面對生與死始終是我們人生最後的課題，人類的意識邊際在哪裡？在邊際的臨界線上，誰有決定權？還是只能交給上帝？

我試著淡化氣氛：

「我們最好相信一切都是上帝最好的安排，如果懷疑，那就自求多福，著手預立醫療決定，但是依病人自主權利法第九條預立醫療決定書，程序也頗繁雜，不如在事務所DIY預立遺囑，大家可以互相提供協助。」

一時間，同仁雖無花可捻，卻也微笑舒眉，陸續離開會議室，但黃律師留下來告訴我一個消息：「呂先生的妻子往生了。」

心中稍作盤算：「出院迄今大約半年？」

「是呀！或許也算一種解脫，對她自己，對周遭的人。」黃律師嘆息回應。

我的思緒不免回溯十年前那天的下午，呂先生透過一位媒體朋友的介紹來到事務所，他是一位近乎木訥的市場攤販業者，神情憔悴憂愁，三、四歲的女兒跟在身旁，沉靜乖順，似乎也沾染了大人的憂思。

呂先生攜來一本護理紀錄，簡單的陳述一個令人匪夷所思的醫療糾紛：

「我太太因為腹痛去中亞醫院看診，住院診斷是腸阻塞，醫院幫她做鼻胃管插入，結果我太太成為植物人了。」

中亞醫院是中西醫合璧的大型教學醫院，插鼻胃管應該是這家醫院每天施作上千件的簡單動作，竟然導致病患變成為植物人的結果，我當下懷疑自己聽錯了。

律師承辦醫療糾紛案件，最大的盲點是隔行如隔山，當事人提供的護理紀錄基本詳實，但是字裡行間是否符合醫療常規，卻非專業人士所能判斷，如果沒有起碼基礎的論述，連書狀也難以措手。

聯絡了一位中學時期的死黨，現下貴為大醫院主任級醫師，我捧著護理紀錄請益，酒過三巡之後，同學神清氣爽審視護理紀錄，不疾不徐開示：

「醫家面對疑難雜症，個人角度均有各自見解，雖然都有相當的科學理論作基礎，但已經是見仁見智的類藝術判斷，這方面你們法律人一定也有領會。」

我點頭。

「病人的護理紀錄可以作為參考，但不是絕對，護理紀錄的製作過程、繁簡、詳略也是存乎一心。」

我仍然點頭。所以有具體開示嗎？

「放置鼻胃管的時間，與病人心跳陡降至每分鐘六十下，急救的時間差記錄是二十分鐘，是否正確？病人在插鼻胃管前心跳不正常，是否適宜插鼻胃管？這些臨床判斷，憑書面紀錄不見得可靠，實難妄下論斷，同學聽得懂嗎？」

我舉杯向同學浮一大白，似懂非懂，此中有真意，修行在個人。

我回事務所向協辦的黃律師轉述了醫師同學的開示，黃律師略作思考：「要確定護理紀錄的真實性，就要相關護理人員隔離訊問，施作鼻胃管前後心跳驟減，醫師是否充分評估？有無配套處理？這些疑點都要依類提告以後由司法機關調查。」

她的領悟力明顯比我高段，我只能補上一項原則：「被告是超大企業，可以動員的資源超出想像，我們書狀下筆要穩，不要衍生枝節。」

民、刑事書狀相繼提出，請求中亞醫院及三位醫師連帶賠償三千三百萬元。我們在刑事偵查程序中，請檢察官傳喚護理人員，並要求作隔離訊問，經由案發時現場兩位護理人員證述，確認證明護理紀錄與事實的落差，後來的起訴書載名：「雖護理紀錄顯示鼻胃管放置時間與急救過程中間有二十分鐘之落差，惟因護理紀錄是事後填載，故自鼻胃管放置完成到病人身體產生變化之時間，並非實際有高達二十分鐘之間隔，而僅係短短數分鐘之過程而已。再者，鼻胃管放置後不久，病人之心跳已大幅降低，且接近暫停狀態。」初步撬開的護理紀錄破口，成為檢察官據以起訴被告的重要理由。

民事求償程序，當事人無力繳納高額裁判費用，經由聲請訴訟求助，也獲得法院准許，我們面對的是本地超級大醫院，典型的小蝦米對大鯨魚態勢。

有一筆時間流水帳應該一提，案件於二〇〇五年提告，二〇〇九年由檢察官提起公訴，病人已經在醫院躺了四年有餘，民事庭是資深的王法官審理，他躊躇再三闡明心證：「國家培養專業醫師不容易，無論如何醫師不會有心造成病人終身憾事，充其量是無心之失，大律師是否也能愛惜國家人才，勸諭當事人與三位醫師和解，撤回起訴？醫院的賠償責任，法院可以依法判決。」

審判長苦口婆心，我當下決定從善如流。第一審民事判決於二〇一〇年判決賠付原告三千餘萬，是醫療糾紛少見的巨額賠償。

全案進入高等法院第二回合，在準備程序進行中的一天，黃律師手持一本當期法律期刊，神色不忿地找我商量：「這本期刊登出一份大學教授的論文，毫不避諱的評論地方法院判決，主張判決是謬誤，病人成為植物人，是迷走神經反射作用造成，醫療沒有過失，這是對於審判進行中的案件，披著學術外衣影響審判，可以嗎？」

不可以嗎？是法律問題還是道德問題？我無言。我承認陷入被迫害妄想症意識，我不相信法律系教授的論文只是巧合，只是學術中立，只是堅信真理，我妄想對手背景足以強大到動員一位法學教授做側翼發表論文，法官會看不到嗎？

我問黃律師也問自己：「事已至此，有對策嗎？」

黃律師略作思考：「把這一篇文章作為附件，我們書狀直接引用，正面對決批駁文章內容。」

「這有點悲壯，背水一戰啊！只怕我們人微言輕，人家可是堂堂學術論文。」

我們一度陷入沉默。

時間滴答！滴答！分分秒秒。當事人已在病床又躺了一段漫長歲月。媒體朋友很給力，又在報紙上刊了一段令人聞之泫然的報導：「夫妻情深，不離不棄，六年來菜販丈夫每日駐守醫院照顧植物人妻子……」我們的當事人躺在病床上六年了。

我自知不是做學問的料，就是一介風塵訟師，但仍勉力而為，三個月後在同一份期刊上，發表了回應性的論文，然後告知黃律師，如果要援用作為答辯書狀的附件，可以將教授的文章與拙作同時援用，也算是平衡報導吧！

二審高等法院僥倖維持原判決，案件終於進入三審，我暗自期待姑且不論專業瑣細的醫療環節，僅僅基於人道的考量，最高法院是否可以維持原判？經驗告訴我，不論事實審法院判決如何完備，最高法院只要有心，都可以輕易挑出毛病發回更審。

而期待落空在意料之中，本案發回更審，而且從此陷入鬼打牆，最高法院兩度發回高院對我方所做有利的勝訴判決，案情糾結在最高法院要求我方就醫院有疏失的事實負舉證責任。

檢視本案的核心正是舉證責任分配法則，事實審所一再援引的舉證責任法則，其實是最高法院過去類型判決的主要法律見解，諸如幾乎是同時期的一〇六年台上一八八一號判決要旨：

「按債務不履行之債務人之所以應負損害賠償責任，以有可歸責之事由存在為要件。若債權人已證明有債之關係存在，並因債務人不履行債務而受有損害，即得請求債務人負債務不履行責任。倘債務人抗辯損害之發生為不可歸責於己之事由所致，依民事訴訟法第二七七條前段規定，自應由其負舉證責任，如未能舉證證明，即不能免責。」

更早九十八年度台上字第二七六號判決：

「八十九年二月九日修正公佈施行前之民事訴訟法第二七七條僅規定：當事人主張有利於己之事實者，就其事實負舉證責任。就一般訴訟事件言，固可依此項舉證責任分配之原則性概括規定為其適用標準。惟關於舉證責任之分配情形繁雜，僅設原則性規定，未能解決一切舉證責任之分配問題，尤以關於公害事件、交通事件、商品製作人責任、醫療糾紛等事件之處理，如嚴守原來概括規定之原則，難免產不公平之結果，使被害人無從獲得應有之救濟，有違正義原則，故該次修正乃於同條增訂但書，規定：但法律別有規定，或依其情形顯失公平者，不在此限。以適應實際之需要。」

如此重要的關鍵舉證責任分配原則，在本案最高法院就硬生生轉彎了。

案件三度回到高等法院，法官態度明顯隨著最高法院的風向轉彎，不能苛責法官沒有勇氣再跟最高法院對著幹，我們還能有機會嗎？

當下案情陷入膠著之際。黃律師送來一份答辯準備狀，我已不抱期待，未看書狀先發問：「有新意嗎？」

「我仔細比對當初呂先生提供的護理紀錄，以及對方前一份書狀所附的護理紀錄，二份記載，發現對病人插鼻胃管後心跳反應記載有出入。」

「噢！」我低首回看這份書狀，感覺這份書狀隱隱自案件的罅隙中透出光線：「兩份護理紀錄出入的重點是什麼？」

「呂先生提供的護理紀錄，插鼻胃管後五點十六分病人心跳記載每分鐘六十下，對方答辯狀檢附的護理紀錄，卻是下午五點十三分插入鼻胃管後，心跳速度由一百六十下陡降至六十下，意識呼吸暫停。而且二份紀錄對於急救措施的記載也有些許不同。」

「妳認為中亞醫院敢偽照護理紀錄？」

「應該不敢，但也許可進一步證明整體醫護人員處置不夠嚴謹。」

我再問：「法官多次質疑醫生在插鼻胃管前，已察覺病人的血壓心律不整，並且給予投藥處置，則醫療過失的責任如何舉證？」

「插鼻胃管前確有投藥，但沒有看到投藥後的效果，可以合理質疑心律不整沒有被控制，就直接施作了插鼻胃管。」

我再次想到醫事審議委員會第三次的鑑定結論，翻找出來確認：「因病人住院後，醫師雖然有針對功能性腸阻塞，憂鬱症等病況加以診治，會診精神科醫師以及進行大腸鏡檢查，但仍有相關病人不適與症狀表現（如心搏過速）未進一步確認其原因（藥物、精神病相關、體液不足、心臟疾病、甲狀腺疾病、感染或其他原因）。故此病人之治療過程也或許與前述突發狀況有關。故此病人之治療過程，仍有未盡注意之部分。」

醫生面對病情，人體的化學反應敏感多變，神鬼莫測，本案曾經過三次專業鑑定，都沒有完全相同一致的答案。

在醫療專業的白色巨塔中，專家也會徬徨歧路，迷失在清晰邊界之外。

而法律評價功能，對深陷在塔內的無知羔羊，給予適當的傷痛補償，其實無關絕對正義，而是面對未可知的或然率，要求巨塔的塔主負起更多可承受的社會道義責任。

看完黃律師答辯狀初稿，我請黃律師試著將舉證責任分配轉置的理論思維，努力再補強論述一段。

我方陳遞的答辯狀，促使法院必須再次傳喚醫院二名護理人員，說明製作護理紀錄的流程，結果並沒有意外，護理師異口同聲表示二份紀錄只是詳細與簡約的不同，沒有偽造紀錄。

高等法院的判決也果然翻轉了前審的判決，判決的理由已不意外，因為我方無法證明醫療處置確有過失。

果然「舉證責任之所在，敗訴之所在」，而唐吉訶德騎著老瘦馬持槍衝向風車巨魔，挑戰墜落的下場，我也體會深刻。

呂先生與女兒無助的坐在辦公室聽取案件說明。時年二〇一七年，當年的小女孩已經是少女了，整個事件給呂先生一家的打擊，是驚恐大於沮喪：「請問律師，我們如果輸了官司，是不是還要付給法院訴訟救助的費用？」

我只得實情以告：「依據民事訴訟法第一一四條規定，法院向應負擔訴訟費的當事人徵收，也就是向敗訴的一造徵收。」

「金額是多少？」

「三審合計，超過一百三十萬。」

呂先生回首看著唸中學的女兒，陷入茫然：「我哪有這筆錢？」

這些當然不關法官的事，我只能安慰他：「別太擔心，還可以上訴，我們繼續努力。」

我很想跟他說：「我們要相信司法。」但是我把話嚥了回去。

執業二十餘年，我做了一個很不喜歡的建議：「我們一起聯絡媒體，上訴狀擬定同時，我們開一次記者會。」

呂先生多方奔走，媒體朋友很熱心，如期召開記者會，我們在會議室陳列了相關訴訟資料，向記者說明訴訟的重點，以及當事人的處境。呂先生並沒有聲淚俱下，只是呆滯木然、侷促不安，他其實完全不懂面對媒體，而媒體朋友問了我一個問題：「這是法律專業，訴訟進行中的案件，你認為訴諸輿論合適嗎？」

「大哉問，輿論是第四權，本案已退無可退，如果一定要等判決確定再向輿論討公道，可能只討到口水了，雖在司法程序進行中，但仍然可受公評，病人家屬敲不開白色巨塔的大門，只能期待輿論媒體可以略為撼動司法僵硬冰冷的判決。這已是家屬最卑微的訴求。」

隔天媒體報導篇幅不算少，有用嗎？

案件再上訴最高法院，三個月就發回更審，這是一次特快車，但是發回理由卻令人不知應該哭還是應該笑。最高法院指摘：本案自一審時起委任程序未完備，有待補正，所以全案發回，至於實體有無理由？未置一詞。必須感嘆最高法院的英明，既不表明自己的法律立場，也給當事人再一次機會，非能吏不能為呀！

案件四度回到高等法院，法官開宗明義：「我們都能體會最高法院的意思，雙方努力和解吧！」

二〇一八年初，接到呂先生一通電話：「對方律師打電話給我，提出一個和解方案，我想我還是接受好了，我們實在受不了訴訟的過程，如果再輸了，連這個條件也沒了。」

當下表示可以理解，雖然和解條件與訴訟所請求的金額不成比例，但是律師不能給當事人任何保證，全案該落幕了。

我將呂先生的來電，轉知黃律師，聽到消息，相信她也是五味雜陳。我們都不滿意這個結果，但只能接受。

黃律師憤憤有不平之氣：「可是，我就是覺得這樣不公平。」

她的憤慨，觸動我記起大學時期，教授引用古羅馬法學家烏爾比安的名言：「法律是善良和公正的藝術。」

本案的執法者若午夜捫心，可以自認他們的判決符合善良和公正嗎？或者自以為等因奉此的概念邏輯，足以回應善良和公正的吶喊？白色巨塔內的體制對善良與公正又有什麼道義責任？又或許，只要我們仍是社會的一份子，都無法卸責於「不公平」這樣的素樸質問，而都要承擔部分責任吧！

這是一個被醫療與司法體制壓迫下的和解，雖然也許對所有人都是一種解脫，而躺在醫院的植物病人呢？依和解結果，呂先生必須將妻子移回家安置照顧，十餘年漫長訴訟過程，病人始終是完全安靜的當事人，花樣年華不到三十歲的少婦，沒有聲音，不能動彈的躺了十餘年，她有知覺嗎？知道時光歲月的流逝嗎？她有想要自主決定任何事嗎？

最後接到消息就是她往生了，我想起蘇東坡的〈江城子〉：「十年生死兩茫茫，不思量，自難忘，千里孤墳，無處話淒涼。」

呂先生或許未必知道這首詞，但縱使不知，感受只會更深沉吧；這十年歲月，是介於生死之間的無盡煎熬啊！

黃律師感慨繫之：「我們打過的仗，不算美好，是嗎？」

我回應：「縱使沒有煙硝的戰爭，也無美好可言，但當跑的路，終究已經跑盡了。其餘途中揚起的塵沙，只能還諸天地了！」

附錄

醫療行為的因果關係及其周邊法律效果

壹、前言

因果關係是牽連著行為與結果之間的橋樑，不論是刑事的刑罰責任，或民事的損害賠償責任，都無從迴避此一樞鈕關鍵的課題。然而，「因果關係」的概念在人文宗教學界而言，就是一個複雜的倫理理論體系（註1）。在社會科學的法律學系統中，似乎也注定是不確定法律概念，而成為業界及實務界既「莫衷一是」又似乎「大同小異」的各說各話（註2）。

再者，「因果關係」並不是一個可以獨立的法學概念，其承先（行為）啟後（結果）的特性，使得對於因果關係的討論必須以宏觀的視野俯瞰。因果關係具有放射性的法律效果，其中既有民、刑事的判斷分野，民事中又有債權的契約給付責任，及侵權行為責任，更衍生因為不同法律關係，注意義務的要求程度不同，因果關係的判斷也不盡一致，甚而因為舉證責任分配的不同，也會導出不同的因果關係。因此，如果一味以機械式的切割角度觀察因果關係，即如同使用「管中窺豹」的方法，再若忽略了經驗與邏輯之間的落差，其偏居一隅的結論自無法避免。

在具體實踐的法律行為類型中，醫病關係的醫療行為，相當典型的涉及多層面法律關係，從而在討論因果關係的適用時，尤須充分評估其不同面向的構成要件，再就其因果關係所扮演的作用作通盤評析，始能得其全貌。本文即從因果關係的一般理論，探究適用於醫療行為的具體法律關係及構成要件，所應採取的角度與觀點，從而發展對「因果關係」概念的正確定位。

貳、相當因果關係的名相與內涵

一、相當因果關係的名相

因果關係的通說，我國司法實務及民、刑事法學者，大抵採用「相當因果關係」說。就相當因果關係的文字語言描述，大致雷同，爰列舉各自代表性定義如下：

（一）民法學者鄭玉波：「謂某原因僅於現實情形發生某結果者，尚不能即斷定其有因果關係，必須在一般情形，依社會通念，亦謂能發生同一結果者，始得認有因果關係（註3）。」

（二）刑法學者韓忠謨：「依吾人智識經驗為客觀的觀察認為在一般形下，有同一之條件，均可發生同一之結果者，則該條件即為發生結果的相當條件，亦即為發生結果的原因。反之，在一般情形下，有此條件存在，而依客觀的觀察，認為不必皆發生此結果者，則該條件與結果並不相當，亦即無相當因果關係（註4）。」

（三）最高法院七十六年度上字第一九二號判例要旨：「刑法上之過失，其過失行為與結果間，在客觀上有相當因果關係始得成立。所謂相當因果關係，係指依經驗法則，綜合行為當時所存在之一切事實，為客觀之事後審查，認為在一般情形下，有此環境、有此行為之同一條件，均可發生同一之結果者，則該條件即為發生結果之相當條件，行為與結果即有相當之因果關係。反之，若在一般情形下，有此同一條件存在，而依客觀之審查，認為不必皆發生此結果者，則該條件與結果並不相當，不過為偶然之事實而已，其行為與結果間即無相當因果關係（註5）。」

由上可知，相當因果關係在我國學界及實務界，所用之定義性用語可謂相當一致，而一旦整理臚列了法界前輩學者及實務有代表性的完整案例，應該可以重新體認我國法界對「相當因果關係」的基礎認知應屬相同。但是如果捨此基礎認知不論，而片面摘取了若干實務見解的簡約概要論述，或特殊案例，進而認為：「我國案例及實務界數十年來，以所謂『相當因果關係』為重要性指導原則之混亂及空泛（註6）」，似尚非定論。

二、相當因果關係的內涵

對「相當因果關係」概念的掌握，文義論理解釋，至少可分析出下列要素：

（一）「相當」概念：「相當」一詞為形容副詞，語意上有「等於」及「約當」二種概念，而在此處應解釋為「約當」概念。亦即，行為與導致的結果之間必須具有相當程度的可能性，也就是此行為導致彼結果之間適當的可能性，「適當關係」是依常則，足以導致結果發生的意思（註7）。進而言之，相當理論建立在可能性理論，而可能性理論是從數學上的概率原理導出來（註8）。是以在相當因果關係的內涵說明中，如鄭玉波所述：「必須在一般情形，依社會通念」，其實就是進一步闡明「相當」二字是指涉經驗法則上的程度可能性，易言之，既是「相當」，即非機械式的「絕對」一成不變，因此，在從事因果關係的判斷時，當然存有經驗法則上自由心證的空間（註9）。

（二）客觀觀察：在相當因果關係的基礎上，判斷所謂社會通念亦即「通常性」基準時，有所謂主觀說與客觀說的分別，我國民事實務見解及刑法學者如韓忠謨均明白主張客觀說，可依最高法院八十二年台字第二一六一號判決為代表：「所謂相當因果關係，係以行為人之行為所造成的客觀存在事實，為觀察的基礎，並就此客觀存在事實，依吾人智識經驗判斷，通常均有發生同樣損害結果之可能者，該行為人之行為與損害間，即有因果關係（註10）。」

依客觀說理論，應用於實際情形，可區分各種具體情況分析其內容（註11），其中一種情形為：某行為與其他條件結合，發生結果，而該條件於行為時因果已存在者，其行為與結果有相當因果關係（註12）。

引申而論，在醫療關係中，病人求診之前可能已經存在一個發病的條件，如果醫療行為又係按醫療成規施行，此醫療行為與發病條件相結合，產生對病患更不利的結果，即是相當因果關係探討的內涵。因此，醫療行為絕不僅是單純判斷為「醫療行為乃啟動一個因果過程，以攔截已先行啟動的另一因果過程」。從而竟然可以引導判斷出：「已履行醫療義務，即已確定不犯罪」；甚至「醫療疏失只是指客觀上未依醫療成規而行，並不等於醫療過失」等武斷而近乎背離社會一般通認知的判斷準則（註13）。

再省思上述相當因果關係在醫療行為的運用，依客觀說解釋，符合社會通念的判斷，應得出下述的論述：病患因某種疾病就醫診治，該疾病為醫療行為前已存在之條件，醫院以其客觀上應具備的醫療專業知識，對病人從事充分完善的醫療行為，倘仍然無法治癒病人，造成病人傷亡，則醫院無醫療過失情形。但倘醫院的醫療行為，依客觀的觀察，未按醫療成規，或縱按醫療成規，但整體的護理照顧或臨床的專業判斷及緊急處置，經專業鑑定判斷仍不完善，從而造成病人更嚴重的死亡或受傷害（例如成為植物人）結果，此一病人受損害的結果，雖然有醫療行為的前因條件（例如腸胃脹氣的疾病）存在，而上述整體不完善的醫療行為與其前因條件相結合，發生損害結果，其行為與結果仍有相當因果關係存在。

回首此一關於醫療行為與病人醫病結果的因果關係論述，其實睥之無甚高論，也不過就是符合社會通念的常識性判斷而已，而任何「專業性論述」，也許運用諸多「疑似」嚴謹的浮面邏輯推演，但若結論嚴重背離一般的常識性認知，則首要質疑者，恐怕不是「常識」的合理性，而是該「專業性論述」是否不自覺陷入已形成的「既定立場」。

參、相當因果關係在醫療行為的刑事責任觀察

何謂「醫療行為」？我國醫療衛生法規並未作立法解釋，而是由行政院衛生署以函釋方式作定義，代表性函示為該署八十二年八月二日以衛署醫字第八二五一一五六號函認定之醫療行為內容為：「稱醫療行為，係指凡以治療、矯正或預防人體疾病、傷害、殘缺為目的，所為的診察、診斷及治療；或基於診察、診斷結果，以治療為目的，所為的處方、用藥、施術或處置等行為的全

部或一部的總稱」（註14）。依其函示內容，預設醫療行為的前提為「以治療，矯正或預防人體病痛、傷害，殘缺為目的」符合該特定目的者始可能進入醫療行為的範疇。因此，如果假借醫療行為的外觀程序，而從事故意侵害生命，身體法益的行為，應已排除於醫療行為的概念外，從而討論醫療行為的刑事責任，只有業務過失犯罪類型，並無故意犯罪類型。

我國實務上歷年的判決，就醫療過失行為的刑責判斷，均以行為人（醫師）對病人從事醫療行為時，業務上有應注意並能注意義務，竟疏未注意，導致病人死傷的結果，判定應負業務過失致死或過失傷害罪責（註15）。對於因違反注意義務行為與結果（病人致死或傷）之間的因果關係，應該是以其違反注意義務推定其具有「相當因果關係」，而未能深入其間的推理論述過程（註16）。此種裁判風格是否理由欠完備，可能見仁見智，學者或可批評為語焉不詳，但「個別判決風格」語焉不詳也不意味著相當因果關係是一個不適用或不妥當的概念。

落實於具體案例的探討，則除了理論體系的檢核，更必須就全案的資料作完整的掌握，始能作有效的論述，而避免落入游談無根的清談。

譬如台中地方法院九十六年醫字第七號民事判決，論其全案判決背景資料，豈能置歷經多次的醫事審議委員會鑑定報告於不顧？本案送鑑定之結論報告認為：「相關病人不適與症狀表現（如心搏過速），未進一步確認其原因（藥物、精神病相關，體液不足、心臟疾病、甲狀腺疾病、感染或其他原因）。而此相關症狀，也或許與前述突發狀況有關。故此病人之治療過程，仍有未盡注意之部分。」

甚至檢察官送財團法人消費者文教基金會鑑定結果：「九十四年二月十九日插鼻胃管後的相片，顯示鼻胃管插入右側支氣管，右側肺臟有肺炎病變，可推斷插鼻胃管後發生吸入性肺炎，導致急性肺功能衰竭，續發心衰竭。」

從而本案的醫療常規是否僅是：「所謂不得插鼻胃管的醫學禁忌，例如嚴重顏面創傷（Servere midface trauma）、近期鼻咽部手術（Recent nasal surgery）、顱底骨折（Basilar skull fracture）、食入鹼性物質（Alkaline ingestion）、食道靜脈區張及攣縮（Esophageal varices or stricture）等，且依一般慣行而行之，而屬依醫療成規而行之，自已履行醫療義務，而屬依法律之行為，而不具違法性（註17）。」如果上開關於具體案件中醫療常規的論述，未見任何專業上的援引加註，即企圖憑片面想當然爾的主張，據以推翻全案在卷的醫學專業鑑定報告，則豈非淪入游談無根的夸夸之論？而以此種方法可以進而推演下述奇怪的論述：「因此，不僅不能將醫療疏失逕自當成醫療過失來看；甚至行為人未依醫療成規而行而有醫療疏失，也不見得會犯罪（註18）。」也就不足為奇。而以此論述批評法院判決是有「既定立場」之前，是否也當然令人懷疑，此類論述有替特定人士或機構開脫法律責任的「既定立場」？

本文不擬就審理中的個案，作具體的指涉評論，僅提出數項學界及實務界大體有共識的指標，作為認定醫療行為刑責因果關係判斷的基準：

一、醫療人員的注意義務內容

醫療人員的醫療行為，除了積極的為病患治療疾病，恢復健康，也要注意避免消極的醫療過程前、中、後所可能引發的風險，否則可能造成病患身心更嚴重的傷害，尤以侵入性治療最為嚴重。醫師所採行的醫療行為既具有相當風險；則應預先就危險結果的發生採取妥適的預防迴避措施，不可自信其不致發生而貿然從事，否則一旦危險結果發生，即應追究違反迴避義務情形（註19）。

基於以上論述，歸納醫療人員尤其主其事者醫師，應有以下二項注意義務內容：

（一）結果預見義務

預見義務在於預見結果發生的可能性，結果是否發生本質上是機率問題，發生機率愈高，應注意程度也愈大，縱使醫學上危險發生可能性極低，但有發生可能即有預見的義務（註20）。

從而在具體的個案中，倘對病患施作侵入性的鼻胃管插管，醫療人員當然應充分注意可預見的一切風險，而倘有所謂病患「因迷走神經反射導致心跳減慢」情形（註21），此一風險何以當然被判斷為「是完全無法事先預期的」？（註22），此種想當然爾的「完全無法預期」論斷，可被質疑處顯而易見：

1. 現代醫學理論實務對「迷走神經反射」完整認知概念為何？
2. 倘若「迷走神經反射」在插鼻胃管過程確實扮演關鍵性角色，則何以「完全無法事先預期」？此一論述是否自相矛盾？
3. 為何從事醫療行為時，對迷走神經反射導致心跳減慢，完全無法事先預期，卻又能夠於發生病患造成植物人結果時，想當然爾的認定是出於「迷走神經反射」？
4. 有任何客觀證據支持插鼻胃管導致病患心跳減慢，甚至釀成植物人風險，是出於迷走神經反射作祟？

如果對於上開問題未能作嚴格的學術性釐清前，即可跳躍武斷「迷走神經反射完全無法事先預期」，則吾人也只能慨嘆為「不知所云」而已。

(二) 結果迴避義務

迴避風險結果的發生，有二種考量，即：

1. 捨棄從事風險行為。
2. 提高注意並為安全措施（註23）。

從而在具體的個案討論，不能僅止於割裂式探究因果關係，亦即對病患插鼻胃管的過程前後，應事先充分考量風險發生的可能性，以及一旦危險出現時，是否已充分採取預防安全措施，避免危險的結果發生。

觀察醫療行為所衍生的義務責任範疇，當然應全面的考量上述因素，始能作出完整的判斷。反觀割裂式的因果觀，則諸如：「醫療行為屬攔截另一因果進程的行為，攔截是否成功，乃以其所欲防止出現的結果為準，而非其先前已啟動的另一因果過程所致的結果為準。固然甲不幸陷於植物人狀態，但戊的急救行為所欲攔截者，乃防止死亡結果出現，由此觀之，此阻卻違法的緊急避難屬避難成功——亦即急救成功（註24）。」此類論述方法，顯而易見是，完全不檢討醫療行為的預見義務與結果迴避義務內涵，則必然形成論述機械空洞化的效果。

二、刑事舉證責任歸屬

刑事訴訟程序的舉證責任與民事訴訟程序有基本上的差異，刑事訴訟程序以所謂「無罪推定」及「被告不證己罪」為核心。從而在實證法規範具體明定檢察官舉證責任，亦即我國刑事訴訟第一六一條第一項規定：「檢察官就被告犯罪事實，應負舉證責任，並指出證明之方法。」該條所謂的「犯罪事實」，是指涉被告行為是否符合三個犯罪要素，即：構成要件合致性（侵害性）、違法性與罪責。從而可認定為一個應受刑事處罰的犯罪行為。因此，檢察官的舉證責任，當然包含三個犯罪要素均需具備，因果關係置於構成要件合致性架構，自應由檢察官負擔舉證責任，殆無疑義。此與民事訴訟程序在不同的請求權基礎（侵權行為或不完全給付）有不同的舉證責任分配，以及衡平原則交互運用的狀況，顯不相同。

由於舉證責任配置的民、刑事基礎不同，因果關係的有無認定即可能有不同的判斷結果。論者若單純以為「因果關係有無的問題，於民、刑事要件上的判斷標準，並無不同，若容許不同，則不啻法律承認有二個不同的客觀世界併存」云云（註25），顯然是因為未能深入瞭解舉證責任對因果關係的影響，從而作了過度簡化的論斷。而社會科學與自然科學的歧異，正是因為自然科學是論述一個客觀世界；而於社會科學的角度，其上位概念是要加入人文的價值判斷作解釋，從而在不同的價值領域（民事或刑事），就會產生不同的判斷內容，上開認知應是法學者的基本素養，應無待贅言。

刑事訴訟程序的舉證責任，尚應分三階段觀察；前階段為檢察官負舉證責任；次階段當事人得聲請調查證據；後階段為法院依職權調查證據。後述二階段即刑事訴訟法第一六三條第一項、第二項規定：「當事人、代理人、辯護人或輔佐人得聲請調查證據，並得於調查證據時，詢問證人、鑑定人或被告。審判長除認為有不當者外，不得禁止之」、「法院為發見真實，得依職權調查證據，但於公平正義之維護或對被告之利益有重大關係事項，法院應依職權調查之」。

在醫療部分的刑事訴訟實踐過程，由於司法人員及病患本身往往並不具備醫療專業知識，因此，絕大部分的舉證關鍵都落實在以實行鑑定程序的結果報告為核心，鑑定報告經常是以醫界觀點表示意見，落實作為法律判斷基礎時，所有參與訴訟程序的當事人及法院，都有責任將鑑定報告的內容轉化成法律觀點作解讀。

詳言之，檢察官對於鑑定報告用語的「過失」、「疏失」、「疏忽」、「照顧不完善」等文字，仍應詳細對應檢討有無違反前述「預見義務」及「結果迴避義務」，並就具體義務之違反，與病患傷害或死亡的結果之間，詳估其間因果關係是否相當，此固然攸關舉證責任的要求，尤其是在與因果關係有關係的各環節形成重要爭點時，司法書類的撰寫風格尤應作詳細說明探討，現行實務上確實不無以鑑定報告結果，即作類似便宜行事的過失判定，而未詳細論述犯罪行為成立的要素，裁判風格固有待強化(註26)。

然而醫療糾紛是由被告掌握近乎壟斷的專業資料（病歷，護理紀錄等文書），以及絕大的專業知識。因此在訴訟中被告更應充分發揮刑事訴訟法第一六一條之一及第一六三條的權利，聲請調查證據，並透過調查證據過程，使法院能夠充分瞭解醫療專業上的爭點，並進而爭取對自己有利的判斷。進而言之，刑事案件會起訴並進入法院審理，通常情形必是檢察官所憑的鑑定報告，已對被告作不利的解釋，被告若一味認為可以「無罪推定」，而於訴訟程序中採取消極無為的態度，對鑑定報告中「過失」、「疏失」之類字眼，也作不出積極有利的解釋說明，則法諺有云：「法律不保護權利上睡眠之人」。恐怕就不僅是時效上的觀念。被告倘受不利之判決，事後抱怨法院裁判風格不夠完備，勢必只是徒乎負負，而於事無補。

肆、醫療行為的民事責任內涵

私法上的醫療行為法律關係，應以醫療契約為核心，典型的醫療契約屬委任契約性質，或近於委任契約的非典型契約，締約雙方為醫療機構與病人，契約內容為病人委託醫療機構或醫師為其檢查，診斷、處方、治療，他方允為醫療事務處理（註27）。

基於醫療契約產生的民事責任主要是契約責任，殆無疑義。但是否尚有侵權行為的損害賠償責任？此乃涉及典型的民法規範競合問題，為民法學上長期爭論的核心議題（證二十八）。簡言之，我國過去歷來實務見解採法條競合說，即當事人間有法律關係（即契約關係）存在時，即排除侵權行為責任，尤以最高法院六十一年台上字第二〇〇號判決，就醫療行為的糾紛的法律責任明白表示：「上訴人（醫院）縱因過失違反善良管理人之注意義務，亦僅生債務不履行之損害賠償責任，被上訴人能否依據上開民法第一九四條規定，對上訴人請求非財產上損害，殊非無疑問。」可為代表性意見。

但上開實務見解，為大法官王澤鑑明白反對，核其反對理由實屬堅強有據，王澤鑑認為：「最高法院之判決均有瑕疵，不能贊同。在醫生手術疏忽致人於死之情形，最高法院認為死者父母不能依侵權行為之規定，主張第一九四條之請求權，醫生僅應負債務不履行責任。病人既死，人格已滅，自無從主張契約責任；死者之父母非契約當事人，當無請求權，似無人可向醫生追究民事責任矣！如此，當事人間若有法律關係存在時，在履行義務之際，儘可致人於死，而不負民事責任，違背常理，甚為顯然（註29）。」

王澤鑑教授就此問題，採取請求權規範競合說立場，主張：「同一事實同時具備侵權行為及債務不履行之要件且均以損害賠償為給付內容時，僅產生一項請求權，具有兩個法律基礎，其內容係結合兩項基礎規範而決定之，債權人得主張對其有利之部分，但應特別斟酌法律之目的。此項理論符合當事人利益，實現法律目的，避免請求權自由競合說之缺點，兼採請求權互相影響說之特色，使實體法上請求權之概念與新訴訟標的理論，趨於一致，頗具可採性（註30）。」

立法上為求解決上開爭議，於八十八年四月修法時，增修民法第二二七條之一規定：「債務人因債務不履行，致債權人之人格權受侵害者，準用第一九二條至一九五條及第一九七條之規定，負損害賠償責任。」一定程度的彌補了法條競合說的缺陷。

司法裁判晚近實務上也援引了王澤鑑教授請求權規範競合說的立場，實肯認債務不履行與侵權行為損害賠償請求權並存的立場，典型案例為最高法院九十二年台上字第一〇五七號判決：「丙（羊模穿刺篩檢員）並無前開學經歷，其自無單獨從事羊水之染色體培養、分析及判斷之能力，乙（婦產科主任）竟任由其單獨為之，而依其情形又非不能注意，竟疏於注意，致生本件錯誤之結果，自難解其過失責任。甲主張乙、丙、新光醫院因檢驗之疏失，致其未施行人工流產生下重度殘障之男嬰，侵害其權利，符合共同侵權行為之要件等語，非無可取。應認新光醫院除應負債務不履行責任外，並應與乙、丙負共同侵權行為之賠償責任。」

基於上開就醫療糾紛權義關係的基礎認知，茲分別論述其因果關係的內涵如下：

一、契約責任

契約責任的成立，最多可歸納為四種，即拒絕給付、給付不能，給付延，不完全給付。其中「拒絕給付」及「給付遲延」，在醫療行為特殊倫理性的考量下，相關行政法以強制締約方式直接介入，例如醫師法第二十一條規定：「醫師對於危急之病人，應即依其專業能力予以救治或採取必要措施，不得無故拖延。」醫療法第四十五條第一項規定：「醫院應建立院內感染控制及醫事檢驗品管制度，並檢討評估。」而在可能發生「主觀給付不能」的類型，則有醫療法第七十三條規定：「醫院、診所因限於人員、設備及專長能力，無法確定病人之病因或提供完整治療時，應建議病人轉診。但危急病人應依第六十條第一項規定先予適當之急救，始可轉診。」「前項轉診，應填具轉診病歷摘要交予病人，不得無故拖延或拒絕。」在行政法介入情形下，拒絕醫療給付或給付遲延，均已是故意違背強制規定的法律問題，應已不在本文討論醫療行為的因果問題範圍內（註31）。

從而醫療行為的因果關係探討，在契約法結構內勢必以不完全給付類型為聚焦點，不完給付的型態有瑕疵給付及加害給付兩種。於「瑕疵給付」情形，是指給付內容減少或喪失給付本身的價值或效用，所侵害的是債權人對完全給付所具有的履行利益。「加害給付」是指除給付本身減少或喪失價值效用外，尚對債權人人身或其他財產法益肇致損害，是產生履行利益以外其他權益之侵害（註32）。

醫療行為本身不論檢查、投藥、注射、手術，均係對人身體健康產生影響，一旦發生糾紛，概非單純的履行利益侵害，而涉及人身法益損害，是醫療行為的不完全給付，亦均以加害給付為類型。

在具體的訴訟實務上，原告舉證責任範圍，第一階段必須先證明醫療行為有疏失，由於原告（病患或家屬）一般均不具備醫療專業認知判斷能力，此階段的舉證工作必須仰賴專業鑑定報告，而一旦專業鑑定報告作出醫療行為的全部環節中任一環節有疏失的可能，在契約法架構下，給付內容即不合債之本旨（註33）。

醫療行為一旦認定有疏失，即進入第二階段相當因果關係的舉證責任，就醫療疏失是否是導致病患受害的相當原因，原則上本應由原告負舉證責任，但基於病患本身對醫療專業能力欠缺的同樣理由，此一階段的舉證責任，以不完全給付存在為前提，原告不須進一步負舉證責任，而係由債務人（醫療機構）舉證其有不可歸責事由。亦即原告只要能夠依鑑定報告證明醫療機構有疏失，有構成不完全給付的事由，原告舉證責任即已完成。醫療機構必須積極證明該不完全給付不致造成病患受損害的結果，倘醫療機構無能作積極舉證，就無法免除債務不履行的賠償責任（註34）。依上論述可知，醫療機構在具體訴訟的場合，不能僅作消極的不具相當因果關係抗辯，而必須作積極的舉證行為，始能達到免責的效果。

就因果關係作舉證，債務人應就具不完全給付的原因與結果負舉證責任，是對原告相對有利的請求方式。

再回顧實務見解，以台灣台中地方法院九十六年醫字第七號民事判決為例（對病患插鼻胃管致成植物人案），判決理由之論述：「在債務不履行，債務人所以應負損害賠償責任，係以有可歸責之事由存在為要件。故債務人苟證明債之關係存在，債權人因債務人不履行債務（給付不能、給付遲延或不完全給付）而受損害，即得請求債務人負債務不履行責任，如債務人抗辯損害之發生為不可歸責於債務人之事由所致，即應由其負舉證責任，如未能舉證證明，自不免責。本件被告未能就上開給付不完全有何不可歸責之事由舉證證明，則原告依不完全給付損害賠償請求權請求被告賠償損害。於法有據。」正是呼應上開舉證責任分配法則下的一貫見解立場。

二、侵權責任

醫療糾紛發生時，原告病患的請求權基礎，係主張侵權行為時，首先釐清者為是否應適用民法第一九一條之三規定危險活動責任，學者及實務界對此均有正反兩說的不同見解（註35）。本文採否定說立場，認為應不適用民法第一九一之三規定。蓋醫療行為本質上是濟世救人的高度倫理活動，如竟認為

「其工作或活動之性質，或其使用之工具或方法有生損害於他人之危險者」，實情何以堪，本條立法之妥當性本有爭議（註36），解釋上尤應從嚴限制。

從而，醫療糾紛以侵權行為作請求權基礎，仍是以民法第一八四條第一項為依據，則基於民法過失責任主義的基本原則，依民事訴訟法，原則上應由主張有故意過失之一方，即原告就有利於己之事實負舉證責任。因此原告舉證責任範圍，仍應包含證明醫療行為的全部環節，亦即醫療行為有疏失，且此疏失與病人的致死或受傷結果，有相當因果關係存在。原告（病患或其家屬）在以侵權行為作請求權基礎時，仍然面臨舉證責任明顯的困難。所幸民事訴訟法第二七七條但書尚留有餘地，該條款規定為：「當事人主張有利於己之事實者，就其事實有舉證之責任，但法律別有規定，或依其情形顯失公平者，不在此限。」

援用民事訴訟法第二七七條但書規定，從社會公平正義的衡平立場出發，認為在醫療糾紛中，由原告病患就其全然陌生的專業領域負舉證責任，是「依其情形，顯失公平」，因此舉證責任轉換倒置，由被告即醫療人員或機構負責包括「相當因果關係」在內的舉證責任，其實已是實務界及各國立法例，幾無例外的處理方式（註37）。

論述至此，吾人應可歸納並理解，民、刑事責任在具體的訴訟案件中，因為推論的法理基礎不同，「因果關係」的認定就可能會有不同的評價結果。亦即因為刑事責任中，原告應負積極舉證的責任較重，被告或其所屬的醫療機構，縱使經鑑定報告認定醫療行為有疏失，未必會認定有相當因果關係，是否受有罪或無罪判決，尚在未定之天。但是在民事索賠程序中，因為原告主張的請求權基礎是給付不完全或侵權行為，被告均應負責舉證其疏失與結果間不具相當因果關係，被告倘未能積極舉證，即應負賠償責任。

因此，倘未能充分瞭解掌握民、刑事間錯綜的法律關係，即推論：「正確來說，因果關係有無的問題，於民、刑事案件上的判斷標準，並無不同（註38）。」此類見解，其輕率粗略，實亦相當令人瞠目結舌，無言以對。

伍、結語

醫療行為本身是具有高度倫理性的專業活動，醫事人員在社會上享有專業的光環地位與豐沛的社會資源，同時尤應負相當的社會責任。在病患權利意識覺醒及資訊愈益透明的社會氛圍中，醫療行為本身逐漸成為曝露於高度法律風險下的職業。

吾人可以理解在醫療行為案件中，由於人體器官本身的特殊體質及微細敏感差異性，一旦發生醫療糾紛，完全歸咎於醫事人員未必全然公平，而醫療人員如果於醫療過程中出於自保心理而採取消極的守勢醫療，更未必是病患福音。從而如何平衡醫療關係中的權利義務，並且緩解醫病關係的緊張，顯然不能從各自本位的角度立場出發，而更應該是充分妥當於衡全局的改策性考量。

醫病雙方面臨當前醫療糾紛課題，任何一方民粹式的批評並無濟於事，例如醫界於媒體報導撰文表示，今後無人敢再做鼻胃管云云；或病患家屬表示白色巨塔黑幕重重云云，均徒然凸顯國人理盲的慣性而已。而如果法界亦不能持平論述定紛止爭，並提出建設性意見，則尤令人遺憾，更有虧法界在知識領域應扮演的責任。

從衡平的角度觀察，病患在整個醫療行為中，畢竟仍處於弱勢乃毫無疑問，而醫療機構也仍掌握相對絕大的資源。因此，如果欲推動公共政策衡平解決醫療紛糾中的雙方困境，則仍然必須依賴醫界自身先能充分自省下列事項：

一、醫療責任保險制度有無充分發揮作用？

二、醫療糾紛發生的第一時間，病患及家屬能否透過責任保險制度得到適當的協助？

三、現行採用的醫療責任保單究竟是保障醫療機構？或是保障醫事人員？或是保障病患？或僅是保險公司另一項營利的工具？

四、政府公部門對於醫療責任的保單如何審核制定？

五、近年來，保險公司營運醫療糾紛保單的盈虧為何？究竟何者能於此一過程中真正獲得利益？

六、未來醫療責任保險制度應如何調整改善，是否已廣納各方意見？

上開問題，顯然不是病方能夠回答，而醫界責無旁貸應真誠面對，倘若仍然一味以事涉「業務機密」而諱莫如深，同時又在醫療糾紛的司法訴訟中消極應對，則在層出不窮的醫療糾紛案例中，對個別的醫事人員或病患其實都是不公平的折磨，政府公部門尤應正視此一問題，積極介入作合於公平正義的政策指導，期使醫病雙方均能獲得合理保障。

註1．參見唐君毅，哲學概論（上冊），台灣學生書局，一九七四年三版，第四五七頁至四八三頁。

註2．參見黃維幸，因果理論與實務的困境及突破。月旦法學雜誌一八一期，二〇一〇年六月，第八十五頁至第八十六頁。

註3．參見鄭玉波，民法債編總論，三民書局一九七五年九月七版，第一五六頁。

註4．參見韓忠謨，刑法原理，一九八二年四月增訂版，第一二一頁至第一二二頁。

註5．最高法院判例要旨下冊、最高法院發行八十六年五月初版 第三十五頁至第三十六頁。本判例雖為刑事判例，而參酌相關民事判決，亦持客觀說之立場，如最高法院民、刑事裁判選輯第八卷第一期第三〇頁，七十六年台上字第一五八號判決：「侵權行為之債，固須損害之發生與侵權行為間有相當因果關係始能成立，惟所謂相當因果關係，係以行為人之行為所造成的客觀存在事實，為觀察的基礎，並就此客觀存在事實，依吾人智識經驗判斷，通常均有發生同樣損害結果之可能者，該行為人之行為與損害之間，即有因果關係」。

註6．參見黃維幸，同註二，第一一〇頁至第一一一頁。

註7．許玉秀，主觀與客觀之間，一九九七年九月版，第三一〇頁。

註8．同註七，第二三一頁。

註9．「自由心證」一詞在法律上民事訴訟法第二二二條規範的內容為：「應斟酌全辯論意旨及調查證據之結果，依自由心證判斷事實之真偽」。可知自由心證是在論理法則及經驗法則的結構內，始有「自由心證」的空間。

註10．最高法院民事裁判彙編，第十三期，第一二五頁。

註11．韓忠謨，同註四，第一二四頁至第一二五頁列舉五種應注意的具體類型。

註12．同前註。

註13．鄭逸哲，重新省思醫療上行為的因果關係判斷。法令月刊二〇一〇年第六十一卷第八期，第二十三頁至第二十五頁。

註14．黃茂榮，醫療契約，植根雜誌二十五卷第一期，第二十三頁。

註15．典型案例如最高法院六十一年台上字第五四一〇號判決：「上訴人係從事醫療業務之人，既明知被害人之病況嚴重，因其祖父陳某未同意住院，即不予詳細檢查，以急症慢醫之方法，給予早年處方之藥物服用，其完全置被害人新發之心臟病症於不顧，致因未獲適時有效之治療，心臟衰竭，併合藥物過敏反應致死，其在治療業務上顯有應注意並能注意，而不注意之過失，即應負業務上過失致人於死之罪責。」本判決以被告醫師僅給予早年處方，未詳細檢查病患之新發心臟病，即認係導致病患心臟衰竭死亡之原因，就其間之因果關係是否相當，顯然是作想當然爾的判斷，理由實欠完備。詳見李聖隆，醫護法規概論，第一八二頁至第二一三頁列舉諸多實務判決。

註16．裁判風格的理由不備，如高等法院九十二年醫上訴字第一號判決：「本件被告乙〇〇〇為婦產科醫師，對於陰道如有不正常出血，有罹患子宮頸癌之虞，即應施以內診診治，以防止癌症之惡化，竟疏未內診，致未能及時查覺施以治療，使被害人因延誤病情而死亡，被告自有過失之刑責至明。被告辯稱：被害人黃麗珠之

死亡，與伊無涉云云，應非可採。綜上，本件被害人之死亡係因被告之延誤診斷及未為適當之處理所致，二者間顯有相當因果關係，事證明確，所辯應無可取，其犯行堪予認定。」本案判決以被告醫師對病患，應施「以內診診治」，「疏未內診」，即認與病患死亡二者顯有相當因果關係，對相當因果關係論述的建立幾全無著墨，理由不備，甚為明顯。

註17．見註十三，第二十八頁。

註18．同前註，第二十六頁。

註19．參見曾淑瑜，醫療倫理與法律，元照出版有限公司，二〇一〇年四月初版，第一〇〇頁至第一〇一頁。

註20．同前註。

註21．見註十三，第二十八頁。

註22．同前註。

註23．見註十九，第一〇一頁至第一〇二頁。

註24．見註十三，第三十一頁。

註24．同前註十三，第三十三頁。

註26．相關判決參見註十五、註十六。

註27．黃茂榮，醫療契約、植根雜誌第二十五卷第二期第十八頁，及最高法院九十七年台上字第一〇〇〇號民事判決。

註28．王澤鑑，民法學說與判例研究第一冊。國立台灣大學法學叢書（五），第三九六

頁至第三九七頁。

註29．同前註，第四一一頁至第四一二頁。

註30．同前註，第四一〇頁。

註31．主觀給付不能類型，包含受僱從事某工作，但債務人欠缺必要技能的情形，見王澤鑑，民法學說與判例研究，第三冊，一九八六年九月五版，第四十五頁。客觀給付不能是指給付對任何人而言，均屬不能者，此種情形締結醫療契約的可能性，理論上或可研究，但實務上發生可能甚微，似不具研討價值。

註32．王澤鑑，民法學說與判例研究，第三冊，一九八六年九月五版，第七十六頁。

註33．債之關係義務，可分給付義務及附隨義，附隨義務指照顧、通知、保護、協力、保密等義務（見前註第七十五頁）。本文以為上開附隨義務在醫療契約中，醫療機構對病人的責任有其倫理上的特殊性質，顯非一般商業行為，因此一般契約上的附隨義務，在醫療行為中實已成為給付義務的內容，在日常經驗的認知中，醫療給付品質是醫療關係的重要課題，「醫療品質」一詞當然包含了對病患的照顧、保護，病患尤有權要求醫療機構提供符合人性的溫暖對待，應同為給付內容的一部分。

註34．台北地方法院九十五年醫字第十七號判決：「關於不完全給付之可歸責性，應類推適用民法第二三〇條規定，由債務人就其不可歸責事由負舉證責任。其論理依據則為：契約成立後，債務人負有依債之本旨為給付之義務，債權人得合理期待債務人依約履行，故當債權人之給付期待落空時，要求債務人舉證就該債務不履

行之原因，係不可歸責於債務人所致者，應屬合理；且因債務人不履行債務之原因係存在於己身，因此令其負擔舉證責任，應無困難可言。從而債權人請求履行契約時，僅需證明契約之存在即可，惟若債務人不依債之本旨履行契約，而為不完全給付時，則其原有之給付義務並非因此而免除，僅性質上轉變為損害賠償義務，故債權人請求損害賠償時，亦僅需證明債務人不履行契約為已足；因此債務人如欲免除其給付義務或損害賠償義務，自應舉證證明係因不可歸責於債務人之事由而致債務不履行。」

註35・阮富枝，危險活動之侵權責任——包含民法所定一般危險責任及特別法所定特殊危險責任。法學叢刊，二〇二〇年一月第二一七期，第四十七頁至第五十一頁。

註36・同前註，第三十五頁。

註37・林順益，醫療過失的判斷標準與舉證責任的研究。兩岸商法評論，二〇一〇年六月第一卷第二期，第一六〇頁至第一六六頁。

註38・見註十三，第三十三頁。

附錄

兩岸社區治理法制的實踐比較——以集合住宅為核心

壹、前言

中國「社區」的理想型想像，最具代表性的描繪見諸〈桃花源記〉：「土地平曠，屋舍儼然，有良田美池桑竹之屬，阡陌交通，雞犬相聞，其中往來種作，男女衣著，悉如外人，黃髮垂髫，並怡然自樂……。」

陶淵明的理想國是身處東晉亂世的浮生隨想（註1）。舊時代中國社區現實結構，則以「喬家大院」、「大宅門」，表現其封建式的家族色彩，古代社會的理想與現實，擺盪在無為而治與家法人治之間。

當代社區治理則應建立於清晰的社會學概念，以及實證的法制基礎上。由是觀察，依據社會學者白秀雄在社會工作辭典中對「社區」的定義是：「社區是一社會的單位，而非法定的行政單位，社區是存在於所有人類社會，與家庭一樣是真正普遍的單位。社區是占有一定區域的一群人，因職業、社會文化、生活水準、歷史背景、地理環境，或其他方面的不同，而造成各種不爭的自然

團體、自然地域；他們與其所出生的區域相結合，彼此間存在一種相互依存關係。」（註2）

綜上述定義，社區的概念指涉範圍，仍然相當多元而呈現浮動狀態。若再進一步落實於法制化的規範，則必須在法律意義上確定被規範的客體對象，劃出有效運作的界限，且能夠反映現代化城市居民的生活型態需求，此所以「集合式住宅公寓大廈及封閉式別墅社區」，成為社區治理法制化的重要課題。

貳、台灣社區治理法制運作現狀及問題

一、本條例適用的範圍疑義

《論語》子路問政，孔子回答：「必也正名乎，名不正則言不順，言不順則事不成。」所謂名正言順，是中國人從事政治應具備的基本修養、現代法治

國的立法技術，同樣應在法律的開宗明義作周延的命名，務期使法律名稱與其所規範的對象貼合，始堪稱優良的立法。

本條例以「公寓大廈管理」為名，名稱上就限制了適用的對象，在第三條的定義，進一步解釋「公寓大廈」：指構造上或使用上或在建築執照設計圖樣標有明確界線，得區分為數部分之建築物及其基地。本條例先作了較狹的解釋，限縮於想像中的高樓大廈社區，對於莊園別墅式的封閉社區已難以合用，所幸立法過程中作了補救性措施，於現行法第五十三條（民國）九十二年十二月修法前第四十一條規定：「多數各自獨立使用之建築物、公寓大廈，其共同設施之使用與管理具有整體不可分性之集居地區者，其管理及組織準用本條例之規定。」但該條「準用」的範圍究竟多寬，解釋上仍有相當空間。

進而言之，廣義而論，只要符合第五十三條要件的「集居地區」，皆有本條例之適用。基本上台灣行政部門的意見傾向廣義：「透天或廠房其若有共同設施與管理上整體使用之必要者，皆有公寓大廈管理條例之適用，並應依公寓大廈管理組織申請報備處理原則受理報備。（註3）」

司法部門的法院裁判則似乎頗有分歧，最高法院曾認為：「集居地區之住戶間雖就共同設施之使用與管理具有整體不可分性，惟其仍與區分所人係在同一建築物內各有其專有部分，並共用共有部分之情形不同，是集居地區之住戶間，應無該條例有關權利義務規定之準用，而應集居地區其住戶間所定之公約規範其權利義務（註4）。」

地方法院則有裁判直認：「有關公寓大廈、基地或附屬設施之管理使用及其他住戶間相互關係，除法令另有規定外，得以規約定之。是上訴人既於買賣建物時與建商訂立住戶公約，即應受該規約之拘束。綜上所述，別墅區之住戶應有公寓大廈管理條例之適用，應屬無疑，是該社區之管理費，既經住戶大會決議通過，上訴人即應負繳管理費之義務，至若上訴人對該住戶大會決議之管理費若有所異議，理應循該社區之決議方式及異議程序救濟，如此始符合全體區分所有權人自治自律之精神。（註5）」

上開法律見解，各自在邏輯論理上何者為當，尚需要進一步的梳理析辯，不在本文的範圍。本文要指出的是，實務操作上所以會出現以上爭議，成為一個經常被質疑的問題，追本溯源，實可歸咎於立法技術的發想已有欠缺，本條例立法當初，如果就站在一個全面思考「集合住宅社區」的規範立場，條例名稱不偏限於「公寓大廈」，則後續的爭議應可相當程度的避免。足見「正名」、「慎始」仍然是立法舉措的重要考量。

二、公寓大廈管理條例的立法進程與評釋

民國八十四年六月以前，關於公寓大廈社區的法規範，仍是以民國十八年民法第七百九十九條及第八百條二個條文作惟二的法律規定（註6）。該二條文基本上是農業社會經濟背景下的產物（註7），顯然不足以因應現代工商業文明城市化的發展。

民國八十四年六月二十八日公佈施行「公寓大廈管理條例」，終於開始以

完整配套的法律，通盤面對現代集合住宅生活權利義務的互動關係。本條例第一條開宗明義，揭櫫了立法理由：「為加強公寓大廈之管理維護，提升居住品質，特制定本條例。」從此邁向了「居住憲法」的適用、修正、調整、司法裁判補充的發展歷史。

公寓大廈管理條例自八十四年六月施行至今，歷經八十九年四月、九十二年十二月、九十三年一月幾次修正，其中以九十二年十二月三十一日公佈修正幅度最大，修正層面深入廣泛，本文檢選其中較重大的趨勢規定加以評析：

（一）增設第三條第八款：「住戶：指公寓大廈之區分所有權人、承租人或其他經區分所有權人同意而為專有部分使用者或業經取得停車空間建築物所有權。」

本款規定主要增加了「業經取得停車空間建築物所有權者」，亦為住戶體現了現代都會車輛增加、車位空間緊張，停車位使用人也進入了「戶」規範對象。

（二）增設第三條第十一款：「管理服務人：指由區分所有權人會議決議或管理負責人或管理委員會僱傭或委任而執行建築物管理維護事務之公寓大廈管理服務人員或管理維護公司。」

本款規範體現了社區管理朝向專業化的發展，全面進入了以專業公司管理大廈社區的時代。

（三）增設第六條第一項第四款：「於維護、修繕專有部分、約定專用部分或設置管線，必須使用共用部分時，應經管理負責人或管理委員會之同意後為之。」略言之，專用部分修繕有必要時，管理負責人應予同意，除非有其他特殊正當理由，管理負責人可於充分監管下進行修繕，以釐清責任歸屬。

本款片面提升了管理人的權利，相對削弱了住戶的權利，立法考量似不夠平衡細膩，如果在實務操作上欠缺彈性，勢必造成住戶與管理人的矛盾衝突，立法政策有相當大的改善空間。

（四）增設第八條：「公寓大廈周圍上下、外牆面、樓頂平台及不屬專有部分之防空避難設備，其變更構造、顏色、設置廣告物、鐵鋁窗或其他類似之行為，除應依法令規定辦理外，該公寓大廈規約另有規定或區分所有權人會議已有決議，經向直轄市、縣（市）主管機關完成報備有案者，應受該規約或區分所有權人會議決議之限制。……住戶違反第一項規定，管理負責人或管理委員會應予制止，經制止而不遵從者，應報請主管機關依第四十九條第一項規定處理，該住戶並應於一個月內回復原狀。屆期未回復原狀者，得由管理負責人或管理委員會回復原狀，其費用由該住戶負擔。」

本條對於大廈建物外觀的維護加強了管理人的約束力，並以公權力行政罰及刑罰做後盾，以期有效維護公共利益。

（五）第十條第三項增設：「前項共用部分、約定共用部分，若涉及公共環境清潔衛生之維持、公共消防滅火器材之維護、公共通道溝渠及相關設施之修繕，其費用政府得視情況予以補助，補助辦法由直轄市、縣（市）政府定之。」

本項規定使公部門可以行政裁量重點補助社區大廈，加強公共安全設施，使公共安全得以進一步提升。

（六）第十六條第二項：「住戶不得於私設通路、防火間隔、防火巷弄、開放空間、退縮空地、樓梯間、共同走廊、防空避難設備等處所堆置雜物、設置柵欄、門扇或營業使用，或違規設置廣告物或私設路障及停車位侵占巷道妨礙出入。但開放空間及退縮空地，在直轄市、縣（市）政府核准範圍內，得依規約或區分所有權人會議決議供營業使用；防空避難設備，得為原核准範圍之使用；其兼作停車空間使用者，得依法供公共收費停車使用。」

第三項：「住戶為維護、修繕、裝修或其他類似之工作時，未經申請主管建築機關核准，不得破壞或變更建築物之主要構造。」

第二項增修的主旨，在於增加停車空間範圍，因應部分停車空間緊張的現實問題，第三項是加強公權力對建案主體結構安全的保護，與第六條第三款規範指涉不同，應注意二者的區別性。

（七）第十八條第二項：「依前項第一款規定提列之公共基金，起造人於該公寓大廈使用執照申請時，應提出繳交各直轄市、縣（市）主管機關公庫代收之證明；於公寓大廈成立管理委員會或推選管理負責人，並完成依第五十七條規定點交共用部分、約定共用部分及其附屬設施設備後向直轄市、縣（市）主管機關報備，由公庫代為撥付。同款所稱比例或金額，由中央主管機關定之。」

本項增修要求起造人應將公共基金提公庫代收，公部門直接監管，代收代付。進一步由公權力機關介入管理事務。

（八）第二十條第一項：「管理負責人或管理委員會應定期將公共基金或區分所有權人、住戶應分擔或其他應負擔費用之收支、保管及運用情形公告，並於解職、離職或管理委員會改組時，將公共基金收支情形、會計憑證、會計帳簿、財務報表、印鑑及餘額移交新管理負責人或新管理委員會。」

第二項：「管理負責人或管理委員會拒絕前項公告或移交，經催告於七日內仍不公告或移交時，得報請主管機關或訴請法院命其公告或移交。」

本修增修，是為了完善會計作業，明白列舉移交會計文件的項目。

（九）第二十二條第三項：「前項拍賣所得，除其他法律另有規定外，於積欠本條例應分擔之費用，其受償順序與第一順位抵押權同。」

新增本項，創設了積欠管理費與抵押權同順位比例受償權，有相當擔保物權的作用，以確保管理費充實，社區可以正常運作。

（十）第二十三條第二項：「規約除應載明專有部分及共同部分範圍外，下列各款事項，非經載明於規約者，不生效力：

一、約定專用部分、約定共用部分之範圍及使用主體。

二、各區分所有權人對建築物共用部分及其基地之使用收益權及住戶對共用部分使用之特別約定。

三、禁止住戶飼養動物之特別約定。

四、違反義務之處理方式。

五、財務運作之監督規定。

六、區分所有權人會議決議有出席及同意之區分所有權人人數及其區分所有權比例之特別約定。

七、糾紛之協調程序。」

增修本項各款，甚牽涉及寵物管理，看似有趣，但是第三款禁養動物的特別規定，其實應嚴肅對待。現代高壓力的工商都會中，飼養寵物對某些個人不只是生活情趣而已，更可能是生理的必需，如導盲犬，以及憂鬱病患者心理上對寵物的重要依賴，社區規約如果可以禁止住戶飼養動物發生強制效果，其實干涉明顯過度且難以執行，如養魚缸水族、小鳥，也是飼養動物，豈能禁止？本項規定顯然欠缺考慮，是拙劣的立法，更且製造社區住戶的衝突，歸結而言，本問題應回歸到第十六條第四項規定：「住戶飼養動物，不得妨礙公共衛生、公共安寧及公共安全。但法令或規約另有禁飼養之規定時，從其規定。」即可，且該項但書「規約另有禁止飼養之規定」應刪除，社區管理維護不應該只考慮到管理的劃一便利性，更應照顧到住戶的生活隱私及尊嚴，立法規範必須符合人性才是溫暖進步的立法。

（十一）第二十四條第一項：「區分所有權之繼受人，應於繼受前向管理負責人或管理委員會請求閱覽或影印第三十五條所定文件，並應於繼受後遵守原區分所有權人依本條例或規約所定之一切權利義務事項。」

第二項：「公寓大廈專有部分之無權占有人，應遵守依本條例規定住戶應盡之義務。」

第三項：「無權占有人違反前項規定，準用第二十一條、第二十二條、第四十七條、第四十九條住戶之規定。」

本條增修課予繼受人與無權占有人相當義務，使前後業主的權義關係不致中斷，具體解決經常發生的前手積欠管理費用，其後手也不認帳的空窗問題。

（十二）第二十五條第三項：「區分所有權人會議除第二十八條規定外，由具區分所有權人身分之管理負責人、管理委員會主任委員或管理委員為召集人；管理負責人、管理委員會主任委員或管理委員喪失區分所有權人資格日起，視同解任。無管理負責人或管理委員會，或無區分所有權人擔任管理負責人、主任委員或管理委員時，由區分所有權人互推一人為召集人；召集人任期依區分所有權人會議或依規約規定，任期一至二年，連選得連任一次。但區分所有權人會議或規約未規定者，任期一年，連選得連任一次。」

本項增修規定，進一步解決社管理人懸缺，避免造成社區無政府的失序狀態。

（十三）第二十八條第一項：「公寓大廈建築物所有權登記之區分所有權人達半數以上及其區分所有權比例合計半數以上時，起造人應於三個月內召集區分所有權人召開區分所有權人會議，成立管理委員會或推選管理負責人，並向直轄市、縣（市）主管機關報備。」

第二項：「前項起造人為數人時，應互推一人為之。出席區分所有權人之人數或其區分所有權比例合計未達第三十一條規定之定額而未能成立管理委員會時，起造人應就同一議案重新召集會議一次。起造人於召集區分所有權人召開區分所有權人會議成立管理委員會或推選管理負責人前，為公寓大廈之管理負責人。」

本條項課予起造人召開區分所有權人會議的義務，起造人實務上就是建商，早期台灣營建業流行一案建商，建設公司推案交屋即一走了之，造成社區自生自滅亂象，現行法要求起造人負起完成社區管理運作的推動責任，建商所負的責任已不是單純房屋買賣的交易行為，而是社區營運的規劃者，有效提升了建商的社會意識，對於建商體質開啟了良好的提升作用。

（十四）第四章增修第四十一條至第四十六條，是管理服務人專章，具體規範管理公司的設立條件及業務範圍，提升管理公司的專業能力及服務品質。

以上規範，本法企圖完成社區營運管理建制，從建商、業主、住戶、管委會、管理公司，各面向角色互動的規範體系。

三、規範與實務操作的核心爭議

公寓大廈管理條例施行迄今，已逾二十年，但就法制史的角度論，其實仍是一部年輕的法律，本條例在現實層面規範公寓大廈社區能夠在合理的軌道上運作，已發揮了相當的功能，但是本法與傳統民法理論體系的接軌，卻始終存在一定程度的法理障礙，其核心的問題，莫過於社區管理委員會的法律性質疑義，簡言之，即管委會是否能夠看待爲「人格主體」，此一基本概念不是一個純粹抽象的法理，而是有其現實面牽一髮動全身的權利義務效果的考量。

本條例考量實務上操作的需求，於第三十八條作了一項簡單宣示性的規定，即：「管理委員會有當事人能力。」此一法理上複雜的課題，而以最簡單的文字立法，可以想見是將實務衍生的問題，留待學理及司法裁判逐步補充克服（註8）。

首要說明者法條規定「當事人能力」一語，是蓄意迴避了管委會在實體法上的權利義務主體資格，只是在訴訟程序上便宜性的可以作為原、被告當事人，然而如果在實體法的概念管委會不具體權義主體的「人格」，又如何能夠在程序上作為原、被告？民事訴訟法第四十條第三項，回應此問題明定：「非法人之團體，設有代表人或管理人者，有當事人能力。」何謂「非法人之團體」？最高法院六十四年度台上字第二四六一號判例明示：「所謂非法人之團體設有代表人或管理人者，須有一定之名稱及事務所或營業所，並有一定之目的及獨立之財產者，始足以當之。」以上所認知的非法人團體，均以合夥、祭祀公業為代表（註9）。

公寓大廈管委會的內涵，大概具備了一定的名稱、事務所、一定目的等要件，核心問題在於有無「獨立之財產」。管委會其實只是社區區分所有權人（即業主）的代表，有財產的主體是區分所有權人，在此一概念上與合夥，或祭祀公業有相當的區別。直言之，合夥的財產屬於合夥，祭祀公業的財產屬於祭祀公業，但區分所有權人繳納的管理基金或一切公共設施，卻不能認為是管委會的財產。

關於管委會的當事人資格，近年仍不斷有爭議性案例發生，尤其是社區的修繕裝潢施作上，涉及的內外關係，法理上均值得探討，代表案例見解，有以下數則：

（一）管委會執行修繕工程造成鄰樓塌陷

1. 事實背景

A社區大樓地下室連續壁長期受地下水浸蝕塌陷，連帶損及隔壁社區B建物下陷破損，B社區受損住戶為原告，提告以A社區區分有權人為被告損害賠償。

被告抗辯大樓共同部分之修繕、管理、維護為管委會職責，不應由住戶或區分所有權人負擔責任。

2. 法院的見解

(1)台灣高等法院高雄分院九十七年度重上國更（一）字第一號判決肯定被告的抗辯，判決意旨為：「管委會之權責，即在執行區分所有權人會議之決議事項以及公寓大廈之管理維護工作，是公寓大廈法定或約定共用部分之修繕、管理、維護、清潔等工作，均屬管理委員會之權責，如因執行此等工作肇致他人損害，應由管委會負損害賠償責任。」

(2)最高法院九十八年度台上字第五七二號判決，發回高等法院高雄分院，最高法院認為：「管理委員會係由區分所有權人選任住戶若干人為管理委員會所設立之組織，其權責僅在執行區分所有權人會議之決議事項以及公寓大廈之管理維護工作，屬區分所有權人會議之執行機構，並無『實體法上之權利能力』，其行為即為區分所有權人之行為，苟其行為致他人損害，自應由區分所有權人負損害賠償責任。」

3. 學者的意見

區分所有權人本於多數決之法理，委由管委會為修繕工程執行，事實上，其應係「全權委託」原則之體現，再者，於其修繕期間，各區分所有權人對於修繕工程之細節，充其量均來自管委會之報告，其所知有限，是則倘若管委會於報告時有所隱瞞，導致區分所有權人未能及時採取損害之防免措施，此時課以損害賠償責任，則應有違權利義務衡平法則。

就受害人權利保護之觀點而言，損害既已發生，為保護其求償權得以及時遂行，其求償「對象」應及早確定，則基於前述，本案管委會與區分所有權人具有委任關係，則不論是否可歸責於管委會，均應先以管委會為求償對象，再依其有無過失予以類型化，申言之，倘若可歸責於管委會之事由，則依據民法第五百四十四條之規定，其對於區分所有權人應負賠償責任，若其無過失，則由各區分所有權人依其對共用部分之應有部分分擔之。基於訴訟經濟原則之考量，倘若受害人須以全體區分所有權人為求償象，不僅訴訟過程費時，其與區分所有權人之交易成本（協商成本）將為鉅額，此亦不符受害人權利保護原則。

同樣基於公寓大廈管理條例為民法之特別法、管委會與區分所有權人應具有委任關係、基於權利受害人之權利保護觀點以及對管委會之當事人能力「目的性擴張解釋法」等觀點，並採個案認定方式審視本案，認為最高法院九十八年度台上字第五七二號判決所持論點似有再加斟酌之必要（註10）。

（二）社區大樓內開設醫療診所，管委會阻撓，影響診所經營，是否負侵權行為責任

1. 事實背景

原告為租屋房客，承租大樓社區房屋開設醫療診所，簽訂租約後，遭管委會阻攔施工，阻止醫生進入大樓，要求診所客戶換證、登記、量體溫，提高診所管理費，原告只得結束營業，並對管委會提起侵權損害賠償。

被告管委會答辯：管委會不具權利能力，不得為侵權行為主體。

2. 法院見解

最高法院九十八年度台上字第七九〇號裁判意旨認為：「按依公寓大廈管理條例第三條第九款規定，管委會係由區分所有權人選任住戶若干人為管理委員所設立之組織，旨在執行『區分所有權人會議決議事項』及『公寓大廈管理維護事務』，於完成社團法人登記前，僅屬非法人團體，固無實體法上完全之權利能力。然現今社會生活中，以管委會之名義為交易者比比皆是。於民事訴

訟法已有第四十條第三項：『非法人之團體，設有代表人或管理人者，有當事人能力』規定之外，公寓大廈管理條例更於第三十八條第一項明文規定：『管理委員會有當事人能力』，明文承認管委會具有成為訴訟上當事人之資格，得以其名義起訴或被訴，就與其執行職務相關之民事紛爭享有訴訟實施權；並於同條例第六條第三項、第九條第四項、第十四條第一項、第二十條第二項、第二十一條、第二十二條第一項、第二項、第三十三條第三款但書，規定其於實體法上亦具享受特定權利、負擔特定義務之資格，賦與管委會就此類紛爭有其固有之訴訟實施權。倘基於規約約定或區分所有權人會議所為職務之執行致他人於損害，而應由區分所有權人負賠償責任時，其本身縱非侵權行為之權利義務歸屬主體，亦應認被害人得基於程序選擇權，並依上開同條例第三十八條第一項規定及訴訟擔當法理，選擇非以區分所有權人而以管委會為被告起訴請求，俾迅速而簡易確定私權並實現私權，避免當事人勞力、時間、費用及有限司法資源之不必要耗費。」

3.學者意見

按依公寓大廈管理條例規定，管委會固有當事人能力，惟管委會之成立，旨在執行「區分所有權人會議決議事項」及「公寓大廈管理維護事務」，管委會僅為公寓大廈區分所有權人團體之代表機關，僅具非法人團體之性質，不具自然人與法人在實體法上權利能力，即不能享有權利、負擔義務，亦不具有對侵權行為之損害負賠償責任之能力（即無侵權能力），是上訴人請求管委會應連帶負本件損害賠償責任部分，洵屬無據。

公寓大廈管理委員會既然係非法人，於實體法上非權利義務主體，權利義務主體仍應為公寓大廈之區分所有權人或住戶，但得由管理負責人或管理委員會作為訴訟擔當人之性質，以自己名義進行訴訟。否則，如管理委員會本於固有之權限而為當事人，則住戶或所有權人於訴訟繫屬中，又本於所有權而另行起訴時，則是否不違反民事訴訟法第二五三條重複起訴禁止之規定，而管理委員會之判決效力又是否不及於區分所有權人，均將引發爭議。

就本件訴訟標的之侵權行為損害賠償而言，管理委員會雖不具權利能力，亦無侵權能力，實體法上侵權行為損害賠償關係主體為區分所有權人，但管理委員會本於規約約定或區分所有權人會議決議為區分所有權人予以執行，就該授權事項所生之私權爭議，亦有訴訟實施權，可認為係區分所有權人之訴訟擔當人。最高法院就此部分之見解，可值得贊同（註11）。

（三）共用部分修繕不當，造成專有部分損壞

1. 事實背景

原告為社區業主，因社區大樓外牆防水長期未修繕妥當，造成原告室內牆緣剝落、裝潢毀損、家具損壞，提告管委會，應屬侵權行為損害賠償責任，並且以拒繳管理費主張同時履行抗辯。

2. 法院見解

高等法院九十九年度上易字第八一七號判決意旨：

「公寓大廈管理委員會倘基於公寓大廈管理條例或規約約定而負有義務，因未盡其義務致他人於損害，而應由區分所有權人負賠償責任時，公寓大廈管理委員會本身縱非最後之損賠償害責任之權利義務歸屬主體，亦應認被害人得以公寓大廈管理委員會為被告起訴請求。從而，登峰管委會抗辯：因公寓大廈管理委員會不具實體法上侵權行為能力，林菊枝不得依侵權行為之法律關係對其請求損害賠償云云，自乏所據。

登峰管委會既違反其對系爭大樓共有部分修繕義務，且致林菊枝所有系爭房屋發生漏水，其處理委任事務顯有過失，並已不法侵害林菊枝之權利至明。則林菊枝依侵權行為及委任契約之法律關係，訴請登峰造極管委會就其所受損害負賠償責任，自無不合。」

3. 學者見解

(1)民法第一八四條之責任係以有識別能力為前提，惟有自然人具識別能力。管理委員會非自然人，無識別能力。況管理委員會無權利能力，不得作為負擔損害賠償義務之主體。在侵權行為法之基礎上，建構管理委員會之損害賠償責任，將自陷邏輯矛盾，論理混亂莫此為甚。

(2) 管理委員會既被定性為無權利能力者，自法律邏輯上似難能推得其得為契約主體可以自己名義為交易之結論，遑論為負擔義務之主體。明知管理委員會無權利能力之事實，卻承認其得為契約主體，甚至命其負擔財產及精神損害賠償，其實是名不正言不順，有違權利能力之理論。

(3) 為徹底解決多年來以管理委員會為中心的法理矛盾，方案有二：一為使管理委員會有權利能力，另一為明確賦予區分所有權人團體權利能力。這兩種選項又以後者為佳。蓋將區分所有權人團體法人化，符合並能彰顯公寓大廈管理法制的原則，即區分所有權人團體才是管理組織之主體，管理委員會僅為受其所用之執行機關。讓管理委員會以區分所有權人團體之法定代理人名義參與法律行為，使區分所有權人團體能直接享受管理成果，更有權義歸屬明確的優點（註12）。

四、小結

彙整上開見解，就社區管委會得否為侵權行為損害賠償請求權的負責客體，最高法院見解就相當浮動，理論上學者吳瑾瑜所主張的「管委會以區分所有權人團體之法定代理人名義參與法律行為」，確實是符合法理的正辦，但要規整目前實務莫衷一是的見解，恐怕須有賴立法上作明確規範，俾見解統一適用，否則僅憑學者個別的意見，恐仍難免流於各說各話的紊亂局面。

參、大陸社區治理法制化的觀察

一、立法結構的觀察

中國大陸社區治理的法制組織，因為發展歷史背景的結構因素，呈現有「中國特色的社會主義」風貌，其法制結構，或可圖示如下：

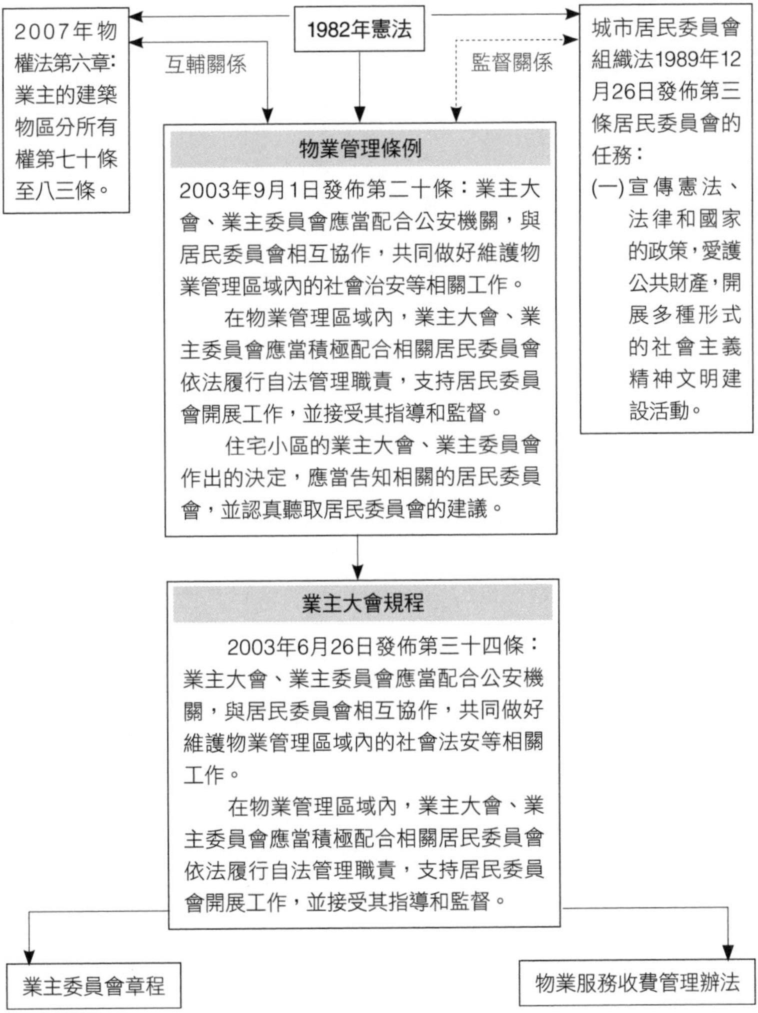
1982年憲法
2007年物權法第六章：業主的建築物區分所有權第七十條至八三條。
互輔關係
監督關係
城市居民委員會組織法1989年12月26日發佈第三條居民委員會的任務：
(一)宣傳憲法、法律和國家的政策，愛護公共財產，開展多種形式的社會主義精神文明建設活動。
物業管理條例
2003年9月1日發佈第二十條：業主大會、業主委員會應當配合公安機關，與居民委員會相互協作，共同做好維護物業管理區域內的社會治安等相關工作。
在物業管理區域內，業主大會、業主委員會應當積極配合相關居民委員會依法履行自法管理職責，支持居民委員會開展工作，並接受其指導和監督。
住宅小區的業主大會、業主委員會作出的決定，應當告知相關的居民委員會，並認真聽取居民委員會的建議。
業主大會規程
2003年6月26日發佈第三十四條：業主大會、業主委員會應當配合公安機關，與居民委員會相互協作，共同做好維護物業管理區域內的社會法安等相關工作。
在物業管理區域內，業主大會、業主委員會應當積極配合相關居民委員會依法履行自法管理職責，支持居民委員會開展工作，並接受其指導和監督。
業主委員會章程
物業服務收費管理辦法

上述組織結構圖，明顯凸出了法制運作的一個特殊機構，即城市居民委員會，依其組織法第二條第一項規定：「居民委員會是居民自我管理、自我教育、自我服務的基層群眾性自治組織。」以及第八條規定：「居民委員會主任、副主任和委員，由本居住地區全體有選舉權的居民或者由每戶派代表選舉產生；根據居民意見，也可以由每個居民小組選舉代表二至三人選舉產生居民委員會每屆任期三年，其成員可連選連任。年滿十八的本居地區居民，不分民族、種族、性別、職業、家庭出身、宗教信仰、教育程度、財產狀況、居住期限，都有選舉權、被選舉權；但是，按照法律被剝奪政治權利的人除外。」城市居民委員會出於選舉的自制機構，依照第十七條規定：「居民委員會的工作經費和來源，居民委員會成員的生活補貼費的範圍、標準和來源，由不設區的市、市轄區的人民政府或者上級人民政府規定並撥付；經居民會議同意，可以從居民委員會的經濟收入中給予適當補助。居民委員會的辦公用房，由當地人民政府統籌解決。」居民委員是有給職，領取公部門的生活補助費，居民委員會的委員任務則是依據組織法第二條第二項規定：「不設區的市、市轄區的人民政府或者他的派出機關對民委員會的工作給予指導、支持和幫助。」居民委員會協助不設區的市、市轄區的人民政府或派出機關開展工作。並從事組織法第三條規定的憲法、法律、法規的國家的政策，愛護公共財產，開展多種形式的社會主義精神文明建設活動等工作。

從而依據二〇一〇年十一月九日新華社發佈的國務院辦公廳即發「關於加強和改進城市社區居民委員會建設工作的意見」，加強改進城市社區居民委員會建設工作的基本原則是：「堅持黨的領導，把握正確方向。從社會主義初級階段基本國情出發，堅持同完善社會主義市場經濟體制相適應，堅持領導、人民當家作主、依法治國有機統一，推進社區居民依法直接行使民主權利，管理社區公共事務和公事業，建立健全社區黨組織領導的充滿活力的基層群眾自治機制，實現政府行政管理與基層群眾自治的有效銜接和良性互動。」

居民委員會承載了重量的政治作用功能，實際上等同於公權力機關的性質不言而喻，「自治」的性質其實非常薄弱。縱使如此，學者相對樂觀看待其象徵邁向民主化的可能性（註13）。

二、社區自治與行政管理的辯證

社區生活本質上即牽涉了公私領域的交錯糾結，政治威權統治時期，在政府主導下的社區發展，當然是以推動政令宣導為目的。所謂社區自治想當然爾是透過政治力的干涉，穿透到居民生活的一種手段，實質上並沒有「自治」的概念，於是行政管理無所不在，如影隨形。

但是，現代社會發展走向工商業文明的高度分工與繁複階段，意識型態的多元異化無法避免，行政管理的末梢神經相對化，社區治理逐漸向「自治化」的方向發展，已經不僅是政府主觀態度「還權於民」的意願問題，而是客觀經驗的現實需求問題。誠然，為推動社區治理的有效運作，公部門的介入始終是不可或缺的環節，台灣社區的發展經驗以民國七十六年解除戒嚴為分水嶺，社區工作在社區發展推動下，由威權式的管制，逐漸轉變為民、政、團體結合推動的社區發展（註14）。公寓大廈管理條例則更具體塑造了綜合式住宅的社區治理內容，立法的基本精神是以社區自治為基礎，褪去了特定的政治任務，但是明定了行政罰、刑事責任、民事責任，以確保社區治理的有效運作（註15）。

法律關係責任義務的規範，可分強制性規定及訓示性規定二類，強制性規定是指在實定法規中有違反義務之處罰規定者，公權力不論行政制裁罰或司法制裁，都能夠現實發生強制法律效果。訓示性規定欠缺法律效果配套，實際發生的作用在法律意義層面，與道德勸說的差異有限，則在立法政策上是否有規範的必要性，或規範的方式應否調整，都大有檢討的空間。

由是觀察大陸的物業管理條例第二十條規定：「業主大會、業主委員會應當配合公安機關，與居民委員會相互協作，共同做好維護物業管理區域內的社會治安等相關工作。

在物業管理區域內，業主大會、業主委員會應當積極配合相關居民委員會依法履行自治管理職責，支持居民委員會開展工作，並接受其指導和監督。

住宅小區的業主大會、業主委員會作出的決定，應當告知相關的居民委員會，並認真聽取居民委員會的建議。」

同條例第六章不能尋得強制性相關處罰的法律責任規定，城市居民委員會組織法也沒有違反義務的強制規定，從體例上認知，居民委員會的組織法例欠缺法律效果的規定，就只是訓示規定，由一套訓示性規範去承載大量的政治任務，是出於何種立法政策的考量，在現代法治國的運作中，殊難理解。又或者，看似浮面的訓示性規定，其實隱藏了內在的潛規則操作，則又另當別論，但若果然如此，恐怕仍要付出相當難以量化的副作用代價，其中得失，又是另一種天秤上的計較了。

三、配套不足或法律漏洞

本文前述已檢討了台灣的公寓大廈管理條例諸多立法技術上的缺憾，該條例已施行將近二十年，大陸的物業管理條例於二〇〇三年出台，是相對年輕的立法，理論上應更進一步周全適用於現實，可惜未盡如人意，台灣立法的經驗應未被適當參考，以至於出現的立法問題與台灣類似，甚或猶有過之。

首先，大陸立法用「物業」一詞，似乎並不是中國固有習用的語彙，二〇〇七年出台的物權法也沒有物業的用語，則「物業」所定性的確實內容為何？殊不易掌握明瞭。大抵「物業」一詞應該是二十世紀八〇年代由香港習用而傳入國內的用語，香港使用物業是譯自英語「ProPerty」或「estate」，是一個相當廣泛寬鬆的概念，大概指涉使用中的各類建築物及附屬設備配套設施等。如果要正式用於法律專業名詞，則至少應在物業管理條例中作嚴格的法律名詞定義解釋，猶如公寓大廈管理條例第三條必須先定義「公寓大廈」的意涵是：「指構造上或使用上或在建築照設計圖樣標有明確界線，得區分為數部分之建築物及其基地。」此乃立法技術基本的嚴謹要求。而「物業管理條例」卻似乎將「物業」二字作想當然爾的認知，然而究竟「認知」了什麼？恐亦無從細究了。

關於集合式住宅社區的營運治理，物業管理條例第十條規定，由業主大會選舉產生業主委員會，此業主委員會與台灣的管理委員會相當，法律地位的困境也幾乎雷同，略言之：

一、業主委員會只是業主大會的一個常設執行機構，根據業主大會的授權負責處理業主大會的日常事務，對外可以跟業主大會的決定與物業管理公司簽訂合同，本身沒有獨立的意思能力：業主委員會雖然是依法成立的，但是沒有法律法規規定業主委員會可以經過登記後取得法人資格，所以業主委員會不是法人。

二、在物業管理實務中，人們普遍把業主委員作為其他組織來對待，但是從法律責任上分析，業主委員會委員或者業主不可能對業主委員會的行為承擔最終責任。

三、業主委員會的運作程式亟待規範：「條例」和「業主大會規程」雖然明確規定業主委員會是業主大會的執行機構，但是對召開業主大會的條件、業主委員會的組織保障、對業主委員會的監督、業主委員會的法律責任等都沒有具體規定。

四、第十條規定同一個物業管理區域內的業主，應當在物業所在地的區、縣人民政府房地產行政主管部門的指導下成立業主大會，並選舉行產生業主委員會，沒有具體規定業主大會召開的條件（物業時間、入住比例等）。建設部「業主大規」規定業主籌備成立業主大會的，當在物業所在地的區、縣人民政府房地行政主管部門和街道辦事處（鄉人府）的指導下，業主代表、建設單位（包括公有住房出售單位）組成業主籌備組，負責業主大會籌備工作。籌備組應當自組成之日起三十日內在物業所在地的區、縣人民政府房地產行政主管部門的指導下，組織業主召開首次業主大會會議，並選舉產生業主委員會。依此規定建設單位是否為業主大會籌備組的必要單位？解釋上應非必要單位，否則業主大會可能因建設單位不配合而無法成立，也就不可能產生業主委員會，後果殊難想像。而現實生活中建設單位及物業管理公司出於利益考量（如存在建設品質問題、害怕失去物業管理地位等）而不願意配合成立業主大會概可想見。

以上約略點出大陸現行法制的現實問題，就可以理解關於集合式社區治理的法規規範，恐怕不是法律計畫中應規範而未規範的法律漏洞而已（註16），而是法律政策不確定，以致整體的配套缺失有待完善補充。其實為了因應現代化社區生活條件的迅速變化，兩岸的社區營運法制建置都必須推陳出新，與時俱進，否則因循舊制，無法跟上時代進步的要求，業主個人的權益、社區公共的利益都將面臨扞格難行的損害。

肆、發展趨勢——公權力為後盾的高度自治

現代城市化的集合式住宅，共同分享使用社區的施作，其中有生活必須的設備，諸如水、電、光纖等；有提升生活品質設備，如庭園綠化、衛生管理、

健身休閒等，居民之間必然產生相當程度的休戚與共、共存共榮的關係。但也不乏彼此認知落實生活、習性衝突的困擾，如何建立社區營造的共識，促成社區進步發展，從而照顧居民的居住尊嚴，創造居民個人資產價值及社會整體繁榮，應是建立社區治理法制化的立法目的以及立法所追求的價值。

基於上述認知，社區治理的法制建設，應朝以下幾個面向去思考：

一、外部公共利益的維護

現代都會對公寓大廈公共利益的考慮，已從最基本的公共安全維護，諸如磁磚脫落、防災設備等維護，進至城市美感的提升，以及環保綠建築的規劃，公部門從核發建築執照，至管委會接收大樓後的永續維護，都必須扮演更積極的介入規範、輔導角色。

二、內部共同生活的和諧互動

公寓大廈社區的相鄰關係，顯然不再是「果實自落鄰地」、「竹木枝根越界」的問題，而是水電管線共同壁的修繕，住戶之間應予適當的配合互動，專有部分的聲光音響侵擾鄰居，公共設施使用合理分配共享，管委會的功能應該如何加強提升，尤待關注。

三、個人居住尊嚴的保障

公領域的維護與互動，最終仍須符合私領域生活的照顧尊重。公部門或管委會的介入的底線，必須是個人隱私權、自主權，及其他各種人格權的不被侵犯，瑣細到訪客進入、信件代收、寵物飼養等進入私生活面的現實人生，是否影響公共秩序、善良風俗，在個別案例中都有待辯證、形塑，以致最終取得最大公約數的共識。

伍、結論——以公民意識為基底的社區治理

當代社會學學者分析每一個社會團體所必須面對基本需求，有下列項目：

(1)組織活動，使個人獲得生活上必需的資源與服務，並使社會與環境之間維持平衡的關係。

(2)保護人民，免受外部的威脅。

(3)替換死去或移出的人口。

(4)傳授新成員（如兒童和移民）有關地位和角色的知識，以及占有地位與扮演角色所需要的技術。

(5)解決衝突。

(6)藉著賦予社會活動的意義和目的，激發扮演角色的動機。（註17）

上開內容，同樣適用於對集合住宅社區的要求，從而可以體會社區生活中，大我與小我的利害存在者時而互輔、時而衝突的關係，建立「制度」是必要的手

段，而「制度」的核心價值目的，仍然是「個體意志的合理正當展現」，其內涵的深富辯證性：不言而喻。關鍵則應在於對「合理正當」的體認界限為何？

邁入二十一世紀以來，全球各地展開了風起雲湧的社會運動，這些社會運動的訴求、動機均不盡相同，但隱隱然提出了一個共同概念，即「公民意識」（citizenship）。

何謂「公民意識」？作為一個琅琅上口的口號很廉價。實則當代社會學或政治學理論，對於citizenship並沒有完整嚴謹的共識（註18），很容易流於各說各話的情境，甚至你的公民意識，與我的公民意識互相衝突，連對話的基礎都不存在。

然而「公民意識」仍然可以作為一個有效的概念，作為推動社區治理的基礎，前提是先就「公民意識」一詞作相對明確的定義，本文界定「公民意識」的概念為：現代民主法治國，公民對自我與社會合宜互動的態度，以及權利義務關係的充分認知，並在此認知下，積極參與社會的各種活動。其中蘊含了政府官員與人民彼此對自己權力的實行與節制，對自身義務的思辨與實踐，其內涵要素應包含權利義務的內外關係，以文明的態度參與監督等內涵（註19）。公民意識本來就不是一個絕對的概念，雖然難以量化，但仍然可知可感，而公民意識的成熟建立，還有賴於社會各種條件的完備到位。

社區治理當然關涉權利義務的本質，也同時觸及人、我互動彼此對待的合宜態度，社區治理的完善與公民意識的提升，必然是連動的正比例關係基於上述認知，本文最終認為，提升公民意識的內涵，才是社區治理的最核心課題。

註1．筆者曾兩度探訪閩南客家土樓聚落，土樓建築散置於崇山雲水之間，風土人情優美古樸，令人一唱三嘆而流連，宛若桃花源寫真版，方知陶淵明所記未必無所本。

註2．社會學學者白秀雄進一步指出，社區包括下列幾個要素：

(1)它是有一定境界的人口區域：社區是一群人共同生活的最小單位的地域。這群住在此一特定地區內的居民從事共同互賴的生活。

(2) 它的居民具有地緣的感覺或具有某些集體意識的行為，它與其他社區能清楚看出有所不同：或基於社區的風俗、生活方式，或我群意或共同的記號象徵而具有從屬感，大家同感相互隸屬、相互依賴，建立有共同目標，並能採集體行動以期實踐。

(3) 它有一個或多個共同活動或服務的中心。

引自姚瀛志著（二〇一一年十二月初版），社區組織理論與實務技巧，第四頁，揚智文化事業股份有限公司出版。

註3．中華民國內政部八十八年十二月九日台（八八）營署建字第三一四〇六號函。

註4．最高法院民事判決八十六年度台上字第二七七八號民事裁判要旨。

註5．台灣桃園地方法院民事判決八十八年度小字第六號裁判要旨。

註6．民法第七百九十九條：「一、稱區分所有建築物者，謂數人區分一建築物而各專有其一部，就專有部分有單獨所有權，並就該建築物及其附屬物之共同部分共有之建築物。二、前項專有部分，指區分所有建築物在構造上及使用上可獨立，且得單獨為所有權之標的者。共有部分，指區分所有建築物專有部分以外之其他部分及不屬於專有部分之附屬物。三、專有部分得經其所有人之同意，依規約之約定供區分所有建築物之所有人共同使用：共有部分除法律另有規定外，得經規約之約定供區分所有建築物之特定所有人使用。四、區分所有人就區分所有建築物共有部分及基地之應有部分，依其專有部分面積與專有部分總面積之比例定之。

但另有約定者，從其約定。五、專有部分與其所屬之共有部分及其基地之權利，不得分離而為移轉或設定負擔。」

第八百條：「一、第七百九十九條情形，其專有部分之所有人，有使用他專有部分所有人正中宅門之必要者，得使用之。但另有特約或另有習慣者，從其特約或習慣。二、因前項使用，致他專有部分之所有人受損害者，應支付償金。」

註7：民法第七百九十七條規範植物枝根越界之刈除；第七百九十八條規範果實落於鄰地時，所有權歸屬於鄰地所有人。今日觀之，饒具農村田園逸趣。

註8：吳瑾瑜著，引自公寓大廈共用部分修繕審議研究——兼論管理委員會之實體法地位，政大法學評論一三三期（二〇一三年六月出刊），第六十一頁，公寓條例施行近二十年來一個不變與難解的課題，就是如何適當處理區分所有權人團體、個別區分所有權人與管理委員會之間的關係。尤其當管理委員會因該條例第三十八條第一項規定僅有「當事人能力」，卻未規定具有實體法人格，不僅使管理委員會法律定位背離社會通念認識，更讓管理委員會不斷陷入實體法與程序法價值衝突之困境，成為一個極富有爭議之「存在」，是以人格分裂的管理委員會，與其區分所有權人團體個別區分所有權人的關係，遂變得混沌不清。

註9：最高法院六十六年度第九次民事庭庭推總會決議：對於合夥之執行名義，實質上即為對全體合夥人之執行名義，故司法院第九一八號解釋明示：原確定判決，實僅令合夥團體履行債務，但合夥財產不足清償時，自得對合夥人執行。是實務上

尤無於合夥（全體合夥人）之外，再列某一合夥人為共同上訴人之理。最高法院九十七年度第二次民事庭會議決議：祭祀公業尚未登記為法人者，應按非法人團體之例，載為「某祭祀公業」，並列管理人為其法定代理人。三、訴訟已繫屬於本院者，在原審關係祭祀公業之記載，係以管理人自己名義為祭祀公業任訴訟當事人之方式記載，祇須當事人欄內予以改列，藉資更正，不生當事人能力欠缺之問題。

註10．陳明璨著，公寓大廈管理委員會之法律性質——簡評最高法院九十八年台上字第五七二號判決，台灣法學雜誌第一四〇期（九十八年十一月十六日），第一九二至一九四頁。

註11．沈冠伶著，公寓大廈管理委員會之當事人能力、當事人適格及判決效力——簡評最高法院九十八年度台上字第七九〇號民事判決，台灣法學雜誌第一五一期（二〇一〇年五月一日），第二〇四頁至二〇九頁。

註12．詳見註八，第四十二頁、六十二頁。

註13．居委會成員選拔逐漸採取直接選舉方式，這對中國城市居民的公民自主意培養與提升將有所助益，尤其值得注意的是，寧波模式位於私營經濟發達地區，目前是中國唯一採取全面社區直選的地區，這是否在民主化意涵上有其理論與實踐的特殊意義。柳金財著，當代中國地方治理的發展：城市居民委員會治理模式之比較析，二〇〇五年八月，弘光人文社會學報第三期，第四〇〇頁。

註14．詳見註二，第一二五頁。

註15．公寓大廈管理條例第五章有罰則規定，列舉了各種行政責任違反，具體科罰鍰的情形，以及涉及公安的刑事責任。

註16．法律漏洞是指：法律依其內在目的及規範計畫，應有所規定而未規定而言，法律漏洞的基本特徵在於違反計畫。見王澤鑑著，民法實例研習，基礎理論（一九九三年四月十二版），三民書局。

註17．Donald Light, Jr and Suzanne Keller合著社會學（上冊），林義男譯，巨流圖書公司印行（一九八七年四月出版），第一四八頁。

註18．對於何謂公民社區的核心價值，由於此一概念原就相當多元化，甚至學界對於公民社會或公民意識的定義也尚未有所定論。參見盛杏湲、鄭夙芬合著，台灣民眾的藍綠認同與紅衫軍運動的參與：一個框架結盟的解釋，第一三一頁，收錄於張福建主編，公民與政治行動——實證與規範之間的對話，中央研究院人文社會科學研究院人文社會科學研究中心出版（二〇〇九年六月初版）。

註19．學者郭秋永定義公民意識如下：「公民意識乃是公民監督選任官員並判斷其政策良窳的一種意願，這種意願不但包含公開質疑政治權威的意願，而且包括公開表達本身政治意見、聽取不同政治意見、修正本身政治意見的意願。」詳見學者郭秋永著：《公民意識：實證與規範之間的一個整合研究》（二〇〇九年），同前註六十七、六十八頁。此項「公民意識」的定內，缺乏公民對自身「義務」的認知考量，使公民意識僅有參與、表達、監督等內涵，為本文所不採。

文化思潮205

法窗輕拍案：那些你不可不知的法庭博弈

作　者—常照倫
責任編輯—陳萱宇
校　對—林秋芬
主　編—謝翠鈺
企劃主任—賴彥綾
封面設計—陳文德
美術編輯—菩薩蠻數位文化有限公司

董事長—趙政岷
出版者—時報文化出版企業股份有限公司
108019台北市和平西路三段二四〇號七樓
發行專線—（〇二）二三〇六六八四二
讀者服務專線—〇八〇〇二三一七〇五
（〇二）二三〇四七一〇三
讀者服務傳真—（〇二）二三〇四六八五八
郵撥—一九三四四七二四時報文化出版公司
信箱—一〇八九九　台北華江橋郵局第九九信箱

時報悅讀網—http://www.readingtimes.com.tw
法律顧問—理律法律事務所　陳長文律師、李念祖律師
印刷—勁達印刷有限公司
初版一刷—二〇二一年十二月二十四日
定價—新台幣三八〇元
缺頁或破損的書，請寄回更換

時報文化出版公司成立於一九七五年，
並於一九九九年股票上櫃公開發行，於二〇〇八年脫離中時集團非屬旺中，
以「尊重智慧與創意的文化事業」為信念。

法窗輕拍案：那些你不可不知的法庭博弈/常照倫著
. -- 初版. -- 台北市：時報文化出版企業股份有限公司,
2021.12
面；　公分. -- (文化思潮；205)
ISBN 978-957-13-9687-3 (平裝)

1.法律 2.個案研究

580　　110018802

BN 978-957-13-9687-3
ted in Taiwan